搞笑诺贝尔

数学篇 数和运算

好奇心工作室 / 著

中国出版集团有限公司
China Publishing Group Co., Ltd.
现代出版社

你喜欢数学吗？

你喜欢数学？那真是太好了！不过还是有很多小朋友一听到数学就郁闷，他们明明很想学好数学，但由于在计算过程中频频出错，就有了“数学好难！”的感觉。所以，我想带领这些小朋友通过搞笑诺贝尔奖重新认识和了解数学，激发他们对数学的兴趣。

获得搞笑诺贝尔数学奖的研究屈指可数。我从搞笑诺贝尔的获奖研究中精选了十项与“数和运算”相关的研究，它们未必都获得了数学奖，但这些“乍看之下令人发笑，细思之后发人深省”的研究，会让大家笑着笑着就对数学产生好感，读着读着兴许还会下决心成为数学家呢！

接下来，就让我们在 PAI 老师的引导下，一起走进妙趣横生的数学世界吧！

你知道搞笑诺贝尔奖吗？

搞笑诺贝尔奖设立于 1991 年，由科学幽默杂志《不可思议研究年鉴》创办，奖项涉及物理、化学、医学、数学、生物、和平等多个领域，旨在提高人们对科学的关注度，激发人们对科学的兴趣。

获得搞笑诺贝尔奖的研究常常出人意料，有的甚至令人无语。但也正是这些不可思议的科学研究，会让人们发出“原来科学这么有趣啊！”或者“原来科学就藏在我们的生活中啊！”这样的感叹。在搞笑诺贝尔奖的颁奖典礼海报上，罗丹的作品《思想者》从坐着思考变成了躺在地上思考，其目的就在于强调“转变思维”的重要性。

那么，现在就让我们用这本书打破思维定式，开启怪诞离奇的科学视角吧！

目录

搞笑二人组

PAI 老师

PAI 老师的“PAI”既不是蛋黄派，
也不是巧克力派，
而是无限不循环小数——圆周率 π。
这位充满好奇心的数学老师
总是拖着一个小行李箱，
随时准备前往有数学的地方。

我

我们小区公认的“热心肠”，
爱管闲事，
好奇心强，行动力无敌！
但说实话，数学不太开窍。

1

你爱挖鼻孔吗？

“PAI 老师，您看！那就是我最喜欢的球手。”我指着站在击球区的球手，兴奋地说。

真希望他能打出安打*。

我心里祈祷着，双手合十喊道：“安打，安打！”

*在棒球和垒球运动中，击球员击出界内球，并且至少安全上到一垒的情况。

你怎么突然挖起了鼻孔？这坨鼻屎那么大，想必那位球手能打出安打。
哇，您看，超大鼻屎！

“总挖鼻孔的话，鼻子会受伤的。”

“可是很多人都喜欢挖鼻孔呀。”

我的鼻屎很大吧？
我的鼻屎更大！
鼻屎有什么好炫耀的，脏死了！
哈哈，你倒是让我想起一项有趣的研究。
运气好的话，还能掏出大块鼻屎，别提多爽了！

“印度班加罗尔国家心理健康和神经科学研究所的奇塔拉尼加·安德雷德和B.S.斯里哈瑞，很好奇到底有多少青少年喜欢挖鼻孔，为此他们对4所学校的200名学生进行了调查，并凭借这项研究获得了2001年搞笑诺贝尔公共卫生奖。”

至少1次
100%
20次以上
7.6%
频繁挖鼻孔
17%
几乎所有学生都承认有挖鼻孔的习惯，平均每人每天挖4次，7.6%的学生每天挖20次以上，17%的学生挖得非常频繁。

“25%的学生有过把鼻孔挖出血的经历。除了挖鼻孔，很多学生还有咬指甲、抓挠特定部位、拔头发等强迫行为。其中，同时拥有3种以上强迫行为的学生占14.2%。”

老师，您说的
百分之几，是什
么意思？
想了解百分数吗？
棒球场正好是解释
百分数的好地方！

PAI老师小课堂
17%是多少？

17% 的学生频繁挖鼻孔，意思是每 100 名学生里，就有 17 名频繁挖鼻孔。

17%
83%
像百分之几这样的数统称“百分数”。百分数是以 100 为基准的比率，用符号 % 表示。

17% 是指

以 100 为基准，其中有 17 个的意思。

用分数表示的话就是：

$$17\% = \frac{17}{100}$$

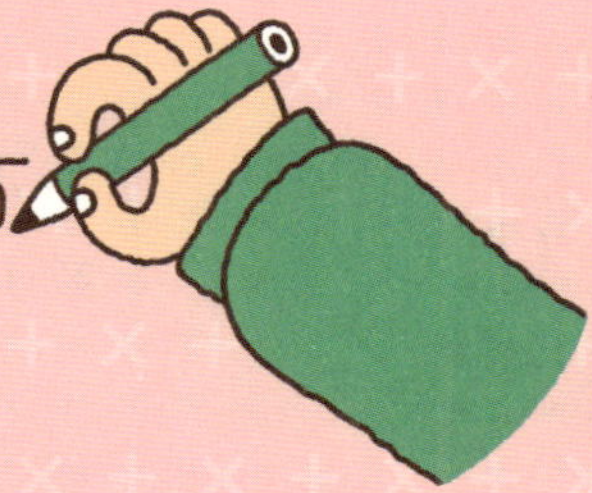

但是，安德雷德和斯里哈瑞不是一共调查了 200 名学生吗？当基数不是 100 的时候，**17% 是多少人呢？**

频繁挖鼻孔：17%
200 名的 17%，就是用 200 乘以 17%。
$200 \times \frac{17}{100} = 34$（名）

挖鼻孔时出血：25%
200 名的 25%，就是 $200 \times \frac{25}{100}$，对吧？计算后，得出的结果是 50 名。

每天挖鼻孔 20 次以上的学生占 7.6%，**遇到百分数是小数的情况，应该如何计算呢？**

7.6% 是 $\frac{7.6}{100}$，也就等于 $\frac{76}{1000}$。

每天挖鼻孔 20 次以上：7.6%

200 名的 7.6%，就是 200 × $\frac{76}{1000}$，得出的结果是 15.2 名。

具有 3 种以上强迫行为：14.2%

200 名的 14.2%，就是 200 × $\frac{142}{1000}$，得出的结果是 28.4 名！

我们计算百分数的时候，赛场上换击球员了。

这位击球员
的打击率是
0.312。

击球员打出安打的概率用小数表示，读作“几点几几”。我们也可以把它转换成百分数。

$$0.312=\frac{312}{1000}$$
$$=31.2\%$$

也就是说，如果击球
100 次，这个击球员大
约能打出 31 次安打！
不错嘛！

2

掉在地上的糖，5 秒内捡起来就能吃？

哗啦哗啦，骨碌碌，骨碌碌！糖果袋被撕坏了，糖果滚得到处都是。

我赶紧捡起最喜欢的柠檬味糖果，想都不想就放进嘴里。

太脏了，
不要吃！
噢耶！
免费的糖果！

“食物掉在地上，只要我捡得够快，吃了应该就没事吧？”吃完糖果之后，我的心里越来越忐忑，忍不住自言自语。

“你在嘀咕什么呢？”PAI老师突然出现。

“老师，掉在地上的糖，如果赶紧捡起来，是可以吃的吧？”

吃也行，
不吃也行。
哎哟，
肚子疼！
您说什么呢？
我更糊涂了。

“很多人认为，如果食物掉地上不超过5秒，就可以捡起来吃。美国一个名叫吉莲·克拉克的高中生提出了‘5秒原则’，为了验证这一原则的正确性，她在一名博士候选人的帮助下进行了实验。她们将小熊软糖和曲奇饼干等食物放在光滑或粗糙的地板上一定时间，检测细菌数量后发现：即便与地板接触的时间不足5秒，食物也会沾上细菌。吉莲·克拉克因此获得了2004年的搞笑诺贝尔公共卫生奖。”

掉在瓷砖等光滑地面上的食物，比掉在粗糙地毯上的食物沾染的细菌更多。
小熊软糖上的细菌比曲奇饼干上的细菌多，说明水分高的食物更容易沾染细菌。

“那么，3 秒内捡起来是不是就没问题了？”我开始回想自己刚刚用了多长时间捡起糖果。

耶！
赶快吃掉它！
5 秒之后再吃吧！
会不会有些晚？

我们计算一下细菌每秒能走多少米吧。
3 秒？5 秒？

PAI老师小课堂

细菌附着食物的速度有多快？

“掉地上的食物在 3 秒 /5 秒 / x 秒内捡起来就可以吃”这种说法究竟是否属实？食物掉在地上多久就不能吃了？为了找出答案，很多人进行了研究。

2006 年美国克莱姆森大学研究组
把掉地上的食物捡起来吃的危险系数，就好比开车不系安全带。
2013 年美国疾病控制中心
导致食源性疾病的多种方式中，表面接触造成的食物污染位列第 6。
2014 年英国阿斯顿研究团队
81％的人认为，掉在地上不超过 5 秒的食物可以安全食用，其实不然。
2016 年美国航天局科学家
水分多的食物，瞬间就会沾满细菌。

细菌每秒可以移动的距离相当于自身身长的 60 倍，甚至 100 倍。以弧菌为例，它的移动速度可达 0.000724 千米 / 时。也就是说，它每小时可以移动 724 毫米！

$$0.000724\ \text{km} = 0.724\ \text{m} = 72.4\ \text{cm} = 724\ \text{mm}$$

每 60 分钟移动 724 毫米，
724 ÷ 60 =12.06
那么每分钟大概移动12毫米。
每 60 秒移动 12 毫米，
12 ÷ 60 = 0.2
那么每秒大约移动0.2毫米。

我更喜欢慢悠悠地走。

吉莲·克拉克的实验证明，比起粗糙的表面，光滑的表面更容易沾染细菌。克莱姆森大学研究组也确认了这一点。他们发现：掉到地毯上的食物只沾染了 1% 的细菌，而掉到瓷砖或木地板上的食物沾染了 48% ~ 70% 的细菌。这是因为，地面越光滑，其与食物的接触面积越大，也就能沾染更多细菌。但是克莱姆森大学研究组也提出了，相比于光滑度，地面的清洁程度对食物沾染细菌的数量影响更大。

2016 年，美国印第安纳大学儿科学教授阿伦·卡罗尔调查了面积约 6.5cm^2 的地方有多少只细菌。

掉在地上的时间越长，附着在食物上的细菌就越多，这是事实。但是，其实我们身边的绝大多数细菌并不致病，因此，沾染细菌的数量不是重点，关键是别沾上致病菌。而且地面一般比较干燥，这样的环境大多数致病菌并不喜欢。因此，很多人即便吃了掉在地上的食物也没有生病。

你这是怎么了？
老师，我的肚子好像有点儿痛。您觉得我吃了多少细菌呢？

3

水有记忆吗？

今天在PAI老师家看电影《冰雪奇缘2》，里面的雪宝说了些让人难以置信的话。

什么，水有记忆？水怎么会有记忆呢？

电影看到一半，我实在忍不住好奇问道："老师，水真的有记忆吗？"

听到我的发问，PAI 老师往我的杯子里倒了些水，说："你喝喝看，水是不是有什么味道？"

好像有苹果的味道。
瞧，水对苹果汁是有记忆的。

"什么呀！这个杯子刚刚不是装过苹果汁吗？"我差点儿上了老师的当。

“有人曾声称水存在记忆，还因此两次获得了搞笑诺贝尔化学奖！他就是法国免疫学家雅克·本维尼斯特。第一次获奖是在 1991 年，他做了一个实验——往清水中放入某种抗体，反复稀释至水中没有任何抗体分子残留。他发现，高度稀释后的水中仍然能检测到抗体的活性。他认为这是因为水分子保留了对抗体的‘记忆’，从而表现出了抗体的特性。”

稀释的时候，先这样，再那样（这是秘诀），然后摇晃。这样水就能记住了！

“本维尼斯特第二次获奖是在 1998 年。这次他声称，水所记忆的信息能以数字化的方式通过电话线和互联网传播。”

搞笑诺贝尔奖
双冠王！

通过互联网传播水的记忆，这到底是怎么做到的？
我先给你讲讲，信息是如何通过互联网传播的吧！

计算机语言和二进制

本维尼斯特称，水的记忆可以通过电话线和互联网进行传播。在确认这是否属实之前，我们先来了解一下**如何将信息数字化。**

人类之间用语言来沟通，但是想和电脑沟通，只能通过电信号！电流流过是 1，断开是 0。要想和电脑“对话”，你就只能用 0 和 1，也就是二进制。

二进制是计算机的基础语言。

世界上有数千种语言，但与电脑沟通时，需要用特定的语言。

其中一种是用“0”和“1”组成不同的16位数来表示字。

比如，“水”这个字在Unicode（统一码）编码下的二进制表示是：0110 1100 0011 0100。

2位的二进制数，有00、01、10、11四种排法。

3位的二进制数，可以有000、001、010、011、100、101、110、111八种排法。

不过，将“0”和“1”排列成16位二进制数的话，排法却有65536种。

用它来表示我们的常用文字完全够用。

要不我和电脑
聊聊天吧？
水～
0110110000110100

本维尼斯特声称，他将一杯具有抗体的水的记忆数字化之后，通过电话传输给另一杯水，电话另一端的水在接收到电信号后，具备了抗体的活性。

1
将从1号烧杯的水中提取的记忆信息，通过电话发送给2号烧杯。
将2号烧杯的水注入老鼠的心脏后，它的反应和被注射1号烧杯的水一样。这证明2号烧杯的水也有了抗体活性，通过电话接收到了1号烧杯的水的记忆。
~~~~
2
~~~~

此后，很多科学家在与本维尼斯特相同的条件下进行了实验，但都没有得到相同的结果。对于本维尼斯特提出的“水有记忆且记忆可以进行数字化传播”的主张，科学界至今仍众说纷纭。

所以，水究竟有没有记忆力，目前尚未可知！

你在干吗？
我正在跟电脑对话，让它“重启”。
110001111010110011000000110111011101010101110100
??

4

菲律宾的可乐瓶盖事件

走在菲律宾的街道上，我看到好多人手里都拿着可乐。

“老师，您看，菲律宾人好像很喜欢喝可乐啊。”

“提到可乐，我不由得想起了 1992 年百事公司举办的一场活动。”

是今天公布中奖号码吧？
嗯，最高奖金有 100 万比索，要是能中，我就是富翁了！

349
PLAYS FOR
1 MILLON
中奖号码是
349！
哇，我中奖了！
孩子们，我们
要发财啦！

从现在起，我要变成有钱人了！
哇，中奖了！以后再也不用骑自行车了！
我不是在做梦吧？
我们那时候也应该买可乐的！
中奖者真的好多呀！

“菲律宾的百事公司原本只计划设定两个百万大奖，但由于印刷厂的电脑出现问题，最后足足印刷了 80 万个百万大奖的中奖瓶盖。”

“嗬！”

“这家公司因此获得了 1993 年的搞笑诺贝尔和平奖，其中一个原因是，它给很多人带去了成为百万富翁的美梦。”

有 80 万人中奖的话，用奖金 100 万比索除以 80 万人，大家平分不就可以了吗？
不错嘛，你都敢于尝试大数的除法了！
1,000,000 ÷ 800,000 = 1.25
100 万除以 80 万的话，每个人能获得 1.25 比索。
人们怎么可能满足于拿1.25比索呢？关于百事可乐百万大奖的故事才刚开始！

PAI老师小课堂

100 万比索究竟是多少钱？

没多久，百事公司门口就挤满了前来领取奖金的人。但百事公司表示，只有符合安全代码的瓶盖才能被认定为中奖。所以，最终只有两个人中奖。

其他中奖者听到这个消息后非常气愤！百事公司的工作人员为了安抚中奖者，给了他们每人 500 比索。但是依然没有用，要求支付奖金的示威活动持续了近一年。

Pepsi
Pepsi
BOYCOTT PEPSI
BOYCOTT PEPSI
百事可乐快点支付奖金！
抵制百事可乐！
这次示威将菲律宾各派系的势力团结在了一起，这可是有史以来第一次！这也是百事公司获得搞笑诺贝尔奖的另一个原因。

那么，让菲律宾人团结起来的 100 万比索究竟是多少钱呢？

1992 年的菲律宾，人们辛苦工作一天大概能挣 118 比索。那么，他们工作多久能挣 100 万比索呢？

只要在计算器上按下 1000000 ÷ 118 就可以了。
1,000,000

需要工作差不多 8475 天，才能赚到这么多钱！
8,474.57

一年是 365 天，要想知道 8475 天是几年的话，直接用它除以 365 就可以。

周末，连猫都要休息。
1 年大约有 52 周，那么周末共 104 天。用 365 天减去 104 天，约等于 260 天。那就是 8475÷260？
260
哇，要工作 32 年以上，才能挣够啊！
工作 32 年才能挣到的钱，值得所有人为之疯狂吧？
32.59

如果工作 32 年，其他国家的人能赚到多少钱呢？

以韩国为例，韩国打工人的时薪是 1 万韩元左右。

一天工作 8 小时的话，就是**8 万韩元**。

如果一年工作 260 天的话，就是

8 万韩元 ×260 天 =**2080 万韩元**。

32 年可以攒下的钱，就是

2080 万韩元 ×32 年 =**66560 万韩元**，

超过了 6 亿韩元！

都已经计算完了，你还在干吗？
我想给百事公司颁发一个功劳奖。原来我一提到数学就头疼，多亏了它，我现在都可以做大数的乘法和除法了。

5

轻功水上漂真的能实现吗？

你刚才看到了吗？不是我的眼睛出了问题吧？蜥蜴居然能在水面上跑来跑去！

它那么大，怎么能和像羽毛般轻盈的水黾一样，在水面上行走呢？它是怎么做到不下沉的？

如果我用蜥蜴的方式奔跑，是不是也可以做到“轻功水上漂”呢？

我赶忙去请教PAI老师。

帕托老师也在啊。老师，怎么才能像蜥蜴一样，在水面上奔跑呢？
在水上奔跑？很简单！在左脚落水前换右脚，右脚落水前换左脚，就可以了！
π

“有人已经成功做到了。意大利科学家阿尔伯托·米内蒂所在的团队，仔细研究了双冠蜥在水面飞奔的动作，并借助脚蹼模仿其动作，从而实现了水上奔跑。他们因此获得了2013年的搞笑诺贝尔物理学奖。”

“哎呀！PAI老师，请让开。我也要像蜥蜴一样在水上奔跑。”我戴着脚蹼，正要跳进游泳池，却被PAI老师拦住了。

“你戴上脚蹼也不行。想在水上奔跑，除了要踩水快，体重还要减到现在的$\frac{1}{6}$左右才行。”

等等，你还是先了解一下在水上奔跑的原理吧！
啊？

PAI老师小课堂
π

重力的 $\frac{1}{6}$

人类怎样才能做到在水面上奔跑呢？

在此之前，让我们先来看看水黾为何能漂浮在水面上吧。

像水黾一样轻盈的小昆虫，能够站立在水面而不沉下去，主要是因为水的表面张力在起作用。

利用表面张力试试！

双冠蜥虽然不像水黾那样轻盈，但是它长了特殊的脚蹼，而且踩水的速度非常快，所以能在水面上奔跑不下沉。

人类没有脚蹼，想要在水面上奔跑，就必须以 30 米 / 秒的速度踩击水面才行。但是这个速度普通人是无法做到的。即使穿上面积为 1 平方米的巨大脚蹼，踩水速度也得达到 10 米 / 秒，才能实现在水上奔跑。

像这样晃来晃去地跑，能比博尔特跑得还快吗？

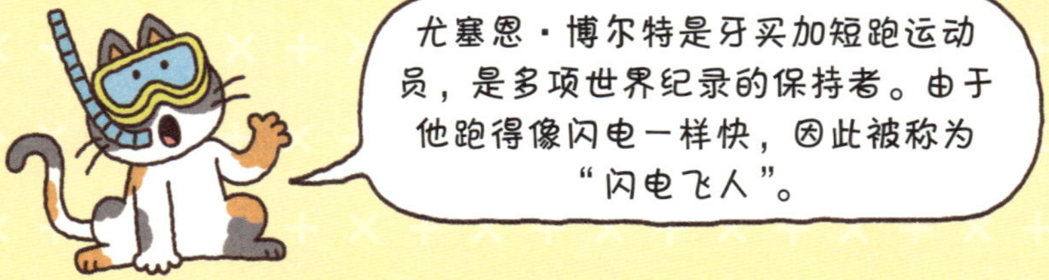
尤塞恩·博尔特是牙买加短跑运动员，是多项世界纪录的保持者。由于他跑得像闪电一样快，因此被称为“闪电飞人”。

穿着 1 平方米的脚蹼踩水是不现实的，于是米内蒂的研究团队想到了减轻体重的方法。你在电视里见过宇航员在空间站中飞来飞去吗？在失重状态下，人的身体会飘起来。但是制造失重状态并不容易，因此，他们制作了一套模拟失重状态的特殊装置。

如果能将一个人的体重减至其 $\frac{1}{6}$，这个人只要每秒能踩水 1.7 次，就有可能实现在水上奔跑。

哇，终于可以在水面上奔跑了。

在不减肥的前提下，若要将一个人的体重减至 $\frac{1}{6}$，就要将重力加速度减至地球的 $\frac{1}{6}$，创造类似月球的引力环境。

1
$\frac{1}{6}$
$\frac{1}{6}$ 就是 1 : 6。
虽然月球上没有湖，但你也要带上脚蹼。
到了月球上，体重会减少到现在的 $\frac{1}{6}$？那我想去月球的湖上跑跑看！

6

喊“砰”的英国海军

在英国西南部有一所皇家海军学院，我和PAI老师一起去看炮兵训练。

“哇，想想就兴奋，终于有机会亲眼见到炮弹发射啦！”

但是实际情况却令我很失望。炮兵们在训练中并没有发射实弹，而是装作发射的样子，大声喊“砰”。

砰！
老师，他们为什么要这样做呢？

“他们装好炮弹，瞄准目标后，手握麦克风喊了‘砰’，对吧？这是因为他们‘热爱和平’。”

你们是因为热爱和平，所以没有发射实弹吗？
没错！英国海军十分珍惜和平。

2000 年，英国皇家海军被授予了搞笑诺贝尔和平奖。不过在颁奖典礼上，无人来领奖。

今年的和平奖得主是英国皇家海军。
请英国皇家海军代表上台领奖。
英国海军在哪？
获奖的会不会不是英国海军？
可能是美国海军？

“热爱和平”的说法其实是在开玩笑，英国皇家海军通过喊“砰”来代替实弹发射，只是为了节省开支。

一枚炮弹价值642英镑，换算成人民币的话大概是6000元，确实很贵。用“砰”来代替实弹发射，3年下来就可以为英国国防部节省500万英镑的开支，这多划得来呀！

哇，500万英镑！相当于每天节省了多少钱呢？
估算一下就知道了。

PAI老师小课堂

用估算找出答案

想知道用“砰”来代替实弹发射，每天能帮英国皇家海军学院节省多少钱，我们可以通过已知条件来估算。

已知一枚炮弹价值642英镑，3年能节约500万英镑。
我们先用500万英镑除以3，就能算出1年能节省的费用。
呃，好大的被除数啊。

想要知道每天能节省多少钱，我们可以先计算每年能节省的费用。

那么，就要用 500 万英镑除以 3，没错吧？

当我们只是想了解事物数量的大概范围时，可以用估算的方法。为了便于计算，估算时可以对已知数量做适当调整！
计算很麻烦。对我们猫咪来说，估算刚刚好！
因为 500 万无法被 3 整除，所以我们暂且将 3 年的费用看作 510 万英镑。那么，3 乘几等于 510 呢？
3×170=510
170。所以，每年大概能节省 170 万英镑。

如果每年节省的炮弹费用大约是 170 万英镑，那一天能节省多少钱呢？需要注意的是，炮兵们是有双休日的，所以不能直接用 170 万除以 365 天，而要减去一年中的 52 个周末，按 260 天来算。

我们依然可以用乘法代替除法来计算，这样更容易些。

26×6=156，比 170 小 14，14 差不多是 26 的一半。所以，170 差不多是 26 的 6.5 倍。
也就是说，170÷26≈6.5。
如果 170÷26≈6.5
那么 170÷260≈0.65
所以 170 万 ÷260≈6500

所以，每天节省下来的炮弹费用大约是 6500 英镑。你可能对英镑没什么概念，我们换算成人民币来看看。

我们前面说过，642 英镑约等于 6000 人民币。而 6500 英镑大概是 642 英镑的 10 倍，也就是说，每天节省下来的炮弹费用相当于 60000 人民币。

看来应该给你颁发搞笑诺贝尔和平奖才对，哈哈！
哇，每天省下来 6 万元吗？那我也用嘴来发射炮弹好了！砰！砰！

7

一共掰了多少次手指？

啊，好无聊。

妈妈正在和她的朋友们愉快地聊天，一旁的我只能无聊地掰手指玩儿。

咔咔！咔咔！

妈妈和她的朋友们听见声音后，不约而同地回头唠叨我。

手指会受伤的！
手指会变形的。
以后会得关节炎的。
我正在做唐纳德·昂格尔的掰手指实验呢！你们不知道这个吗？

为了躲避妈妈和阿姨们的唠叨，我去了公园，没想到在那里碰上了 PAI 老师。他坐在行李箱上，腿上放着常插在耳后的铅笔，跟我刚才一样“咔咔”地掰着手指，嘴里还嘟囔着什么。

我高兴地走过去，老师却丝毫没有察觉。

老师，您也在做掰手指实验吗？

“掰手指实验？哈哈，想必你是听说了唐纳德·昂格尔的故事。”

“当然啦！昂格尔博士从小时候开始，就总听到‘频繁掰手指会患关节炎’之类的话。为了确认这种说法的真假，他掰了50年的手指，最后证明掰手指不会得关节炎，并因此获得了搞笑诺贝尔医学奖。”

“你说得没错！不过，你知道昂格尔博士在 50 年中一共掰了多少次手指吗？”

你们知道我为了实验掰了多少次手指吗？
7月

“我记得帕托老师告诉过我……但是我想不起来了，是多少次来着？”

“昂格尔博士每天掰两次手指，总次数我们算一算就知道了。”

每天掰两次，50 年的话，就是 2 加 2 加 2……是不是把 2 加 50 次就可以了？
是 50 年，不是 50 天！而且你这么加下去，要算到什么时候啊？这里应该用乘法。正好，我给你讲讲乘法吧。

PAI老师小课堂

用乘法更简单

要想知道昂格尔博士在 50 年的时间里一共掰了多少次手指，使用乘法计算会简便得多。

第 1 天：1 天 × 2 次 = 2 次

第 2 天：2 天 × 2 次 = 4 次

第 3 天：3 天 × 2 次 = 6 次

……

以此类推，我们直接用一年的天数乘 2，得到的结果就是昂格尔博士每年掰手指的次数。

一年有 365 天，每年掰手指的次数就是 365 × 2。再用得到的结果乘 50，就可以得到掰手指的总次数了。

365 天乘 2 之后，再乘几来着？
用手是算不过来的……

进行乘法运算的时候，要特别注意数位。比如，365中的3代表300，6代表60，5就是5。列竖式时相同数位要对齐才行。
每年掰手指730次，50年就是730次×50年，我们可以先计算73×5，剩下的两个0，直接添在计算结果末尾就可以了。
365
× 1 1 2
730
730
× 1 50
36500
三万六千五百次！
我们也要对齐！

昂格尔博士先做了各种手部检查，然后将掰了 36500 次的左手与没有掰过的右手做对比，发现两者没有任何区别。

2017 年，一个土耳其的研究团队又对 35 名每天平均掰 5 次手指的人做了调查。这些人每人每年掰了多少次手指呢？

只要用 365 天乘 5 就可以了。

神经外科医生罗德·奥斯库伊与其眼科的同事们从1911年开始，研究了26篇以上与关节问题相关的论文，然后于2018年在医学杂志上发表了一篇文章，结论是“掰手指不会对关节造成损伤”。

我还没有说完，你要去哪儿？
昂格尔博士掰了36500次手指，土耳其研究团队的受试者每人掰了1825次，这些数据足够了！我要赶紧去告诉妈妈和阿姨们，让她们不要再唠叨我了。

8

一百兆有多少个“0”？

“哇，面包！”一看到金黄的面包，我就不由自主地吞咽口水。

我赶紧拉着PAI老师，大步走到卖面包的大婶面前。

请问，这个面包多少钱？
10亿津巴布韦元！

“什么？10亿？！”我听到后差点儿吓得晕过去。

PAI老师却若无其事地从行李箱里拿出钱，开始一张张数起来。他边数边说：“早上还是5亿呢！在面包再次涨价前，我们赶紧买吧！”

2张2亿5000万津巴布韦元是5亿津巴布韦元；30张1000万津巴布韦元是3亿津巴布韦元；20张500万津巴布韦元是1亿津巴布韦元……5亿，3亿，1亿，一共9亿。哎呀，我需要再拿出来一些。

非洲的津巴布韦，物价真不是闹着玩的。

一开始，我还以为是PAI老师弄错了，没想到还有更夸张的人——拉着一车钱去购物！

我出来买一个鸡蛋。
一个鸡蛋500亿津巴布韦元，我要买一打，所以干脆用车把钱拉过来了。
500亿津巴布韦元
500亿津巴布韦元
500亿津巴布韦元
500亿津巴布韦元
500亿津巴布韦元

我兜里只有两张50元的纸币，心都慌得扑通扑通跳，他竟然敢拉着那么多钱到处走！

“因为通货膨胀，物价上涨严重，所以津巴布韦政府不得不发行了面值为500亿、1000亿，甚至100万亿的纸币！”

什么？100万亿？
那后面该有多少个“0”啊？
我要数晕了。
500亿
50000000000
1000亿
100000000000
100万亿
100000000000000
你只要学会了十进制，
不管后面有多少个“0”，
都可以轻松数出来。

用十进制读大数

津巴布韦的货币面值太大，你担心自己算不过来？其实完全没必要担心，因为数字是有规则的。

> **“个、十、百、千、万”**每向前进一位，数字就扩大 **10 倍。**

在 1 的后面添一个“0”，1 便扩大了 10 倍，变成了 10。

在 10 的后面添一个“0”，10 便扩大了 10 倍，变成了 100。

从百变成千，从千变成万，只要后边各添一个“0”即可！像这样的计数方法，就是十进制。每向前进一位，数值就扩大 10 倍。

万、亿、兆，数值则是依次扩大了 10000 倍。

万的 10000 倍是亿，亿的 10000 倍是兆！为什么这里不是扩大 10 倍，而是 10000 倍了呢？

如果每扩大 10 倍，就要给数位起一个名字，那我们要背的名词就太多了。不过，万和亿之间还有十万、百万、千万，亿和兆之间有十亿、百亿、千亿。

现在你了解规则了吗？个、十、百、千是依次扩大 10 倍，而万、亿、兆是依次扩大 10000 倍！

100 兆津巴布韦元有多少个“0”呢？

100 有 2 个“0”，兆有 12 个“0”，所以 100 兆津巴布韦元共有 14 个“0”。

津巴布韦的纸币面值越来越大，导致本国人结账非常不方便。多亏了十进制，他们才能在日常生活中

非常熟练地读大数。

鉴于津巴布韦央行行长发行了面值如此巨大的货币，

给津巴布韦人民提供了日常学习大数的机会，

搞笑诺贝尔委员会于 2009 年将数学奖颁给了他，并给了他一张面值“高达”10 兆的津巴布韦币。

津巴布韦中央银行
10,000,000,000,000
哇，10 兆津巴布韦元！1 兆有 12 个“0”，10 兆的话就有 13 个“0”！
现在，你数大数也很厉害了！不过，这也没什么值得羡慕的。因为 2009 年的 10 兆津巴布韦元，也就相当于人民币差不多两角钱！

9

老旧弹药能变成钻石？

昨天来我家的客人给我买了蛋糕。

这么好吃的蛋糕，怎么能一个人独享呢？

我用盒子将它打包好来到了 PAI 老师家。

不过，我找遍了老师家的每个角落，都没瞧见他，最后一个还没看过的地方就是屋顶了。

PAI 老师果然在屋顶上，正悠闲地享受着日光浴呢！

“老师，一起吃蛋糕吧。我特意带过来和您一起吃的。”

“蛋糕就算了，把蛋糕盒里的火柴给我就行。”

老师竟然不要蛋糕，只要火柴？真让人摸不着头脑。

“因为我现在需要火药。”老师见我面露不解，赶紧补充道。

“火柴上的这点儿火药，比鼻屎还小，您要它干吗？”

“我要把火柴头上的火药都收集起来，看看能否做成钻石。”

“钻石？您是说戒指上的那种昂贵的钻石？”

“不，不是那种钻石，而是‘纳米钻石’。”

“纳米钻石？”我还是头一次听说这种钻石。

“没错。纳米钻石很小，比灰尘还小，但用途很多。比如，它可以用在太阳能电池板上。”

纳米钻石能用来制作太阳能电池板的保护膜，提高电池板的硬度和耐磨性。另外，纳米钻石具有良好的生物相容性，将来也许能被用于制造人工器官或假牙。

“一家俄罗斯公司利用回收的老旧弹药成功制造出了纳米钻石，因此获得了 2012 年的搞笑诺贝尔和平奖。”

纳米到底是什么意思呢？
首先，纳米绝对不是米。至于到底是什么，听我来讲一讲吧。

通过钻石了解纳米的大小

纳米钻石比普通钻石小得多，肉眼根本看不到。

那么，纳米钻石究竟有多小呢？

让我们先来认识一下纳米。

纳米同米、分米、厘米、毫米一样，是长度计量单位。

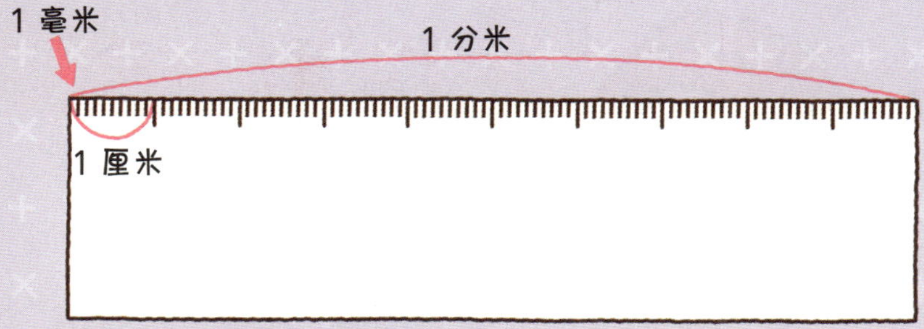

先从我们熟知的 1 米开始说起吧。我们可以把它一点点地缩短。

1 米的 $\frac{1}{10}$ 是 1 分米，1 米的 $\frac{1}{100}$ 是 1 厘米，1 米的 $\frac{1}{1000}$ 是 1 毫米。使用尺子很容易测量出这些长度。

不过，这离纳米还差得远呢！

1 毫米的 $\frac{1}{1000}$ 是 1 微米。

1 微米的 $\frac{1}{1000}$ 就是 1 纳米。

所以，1 纳米是 1 米的 $\frac{1}{1000000000}$。你还看得清有几个“0”吗？

足足有 9 个哦。

1 纳米是 1 米的十亿分之一。

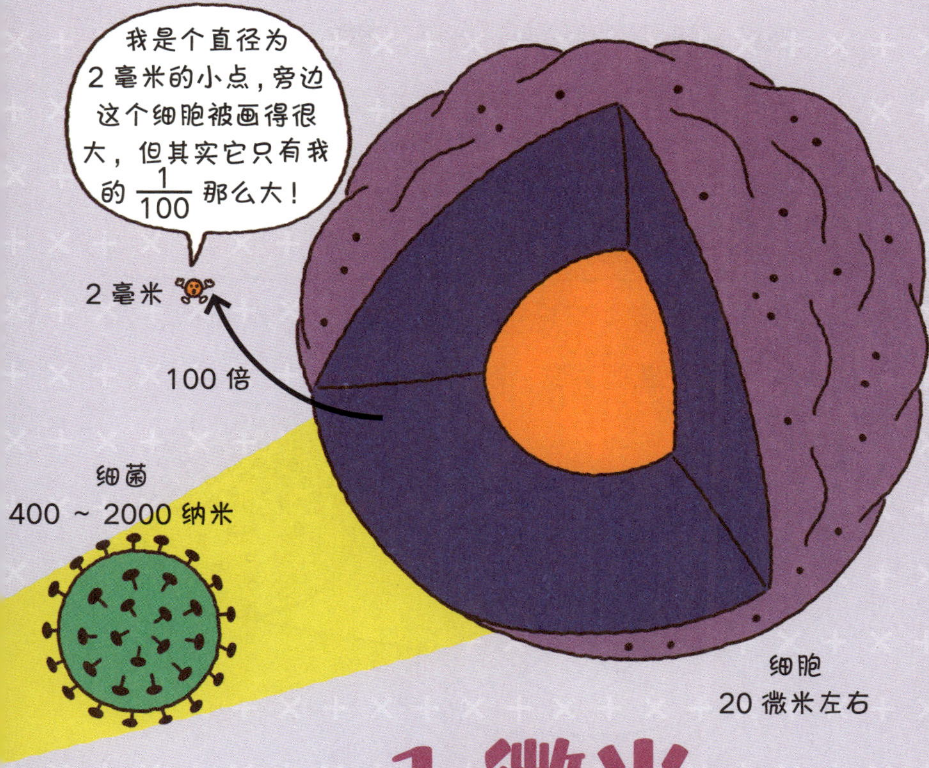

1 微米

是 1 毫米的 $\frac{1}{1000}$，

是 1 纳米的 1000 倍。

现在，我们讲回纳米钻石吧。

1 克拉的纳米钻石内包含超过 900 兆个纳米钻石颗粒。

900,000,000,000,000！

900 兆的话，足足有 14 个“0”。这点我们在津巴布韦元那一章里讲过，还记得吧？

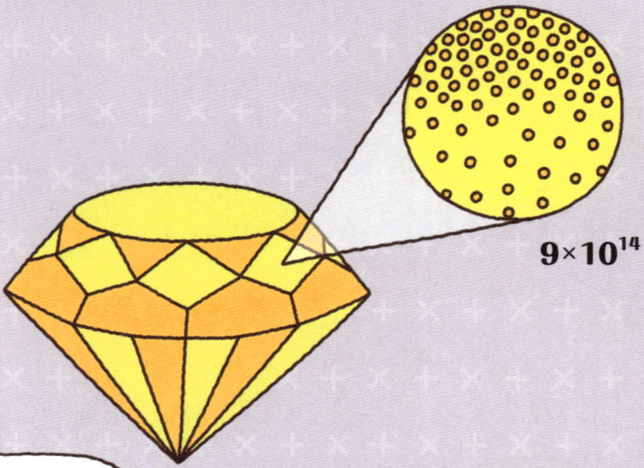
9×10^{14}

你不听我说完，要去干吗？
我去找火柴。虽然我们应该视“钱财如粪土”，但这毕竟是钻石啊！

10

智利最“昂贵”的“乌龙指”

周末，我和好朋友宰范一起去上跆拳道课，途中路过了电玩城。

距离跆拳道课还有30分钟，我们决定打一局游戏再走。

看，这次还是我赢了吧？
GAME
WIN!
怎么会这样？我们再来一局！

一局、两局、三局、四局……

结果，我们没去成跆拳道课。跆拳道老师应该打电话给妈妈了，这可怎么办啊？

我跑去找PAI老师帮忙：“老师，您就跟我妈妈说，我是因为和您学数学，所以没去跆拳道课，可以吗？”

“你想让我撒谎，用来掩盖你的错误？”

这让我想起了达维拉。
达维拉？那是谁？

“胡安·帕布罗·达维拉是智利国有科德拉科公司的一名期货交易员，主要负责铜、金、银等矿产的买卖。期货和股票都涉及买卖，不过，期货的价格比股票的价格波动更大。

哎呀！应该
“卖出”，按成
“买入”了！
又按错了。
再试一次，一定
要挽回损失。
成败在此一举！

“达维拉在第一次失误后，试图通过新的交易挽回损失，然后进行了一系列的补救操作。但是，他的一系列操作均以失败告终，这一‘乌龙指’事件导致智利损失了 2.07 亿美元，即当年国民生产总值的 0.5%。”

“达维拉的失误将科德拉科卷入了一系列的国际诉讼中。人们不相信达维拉只是敲错了电脑上的一个键，于是智利出现了很多称‘达维拉是骗子’的报道，最终政府以非法交易逮捕了他。不管怎样，达维拉凭借他的‘乌龙指’在1994年获得了搞笑诺贝尔经济学奖，因为他让我们认识到一系列的失误使智利的损失呈指数级增长！”

不过，这里的“指数级”是什么意思呢？
指数的意思是一件事重复的次数。数学中也有“指数”。

“指数级”有多可怕？

听我讲一个故事，你就会明白

“指数级”的力量有多大。

关于国际象棋，流传着一个有趣的故事。

传说很久以前，有一个穷兵黩武的国王。一位大臣为了转移他对战争的注意力，发明了国际象棋。国际象棋的棋盘是一个正方形，由 64 个小方格组成，横纵各 8 格，对弈双方通过移动车、马、象、兵等棋子来争夺胜负。国王一下子就迷上了这个游戏，从此不再频繁发动战争。

国王对国际象棋非常满意，决定重赏这位大臣，满足他一个愿望。

请您在第一个格子内放 1 粒麦子，在第二个格子内放 2 粒，在第三个格子内放 4 粒，之后每一格的麦子数量都是前一格的 2 倍，然后把棋盘上所有的麦子赐给我吧。
你竟然只要几粒麦子！这也太简单了！

国王的仆人开始按大臣的要求在棋盘上放麦子：第一格，1 粒；第二格，1×2，2 粒；第三格，2×2，4 粒；第四格，4×2（2×2×2），8 粒；第五格，8×2（2×2×2×2），16 粒；第六格，16×2（2×2×2×2×2），32粒……

由于棋盘的面积有限，我们去外面准备麦粒吧。

该准备多少麦粒呢？我们需要将 2 **反复多次相乘！**

第十一格，要用 10 个 2 相乘，可以用 2^{10} 表示，1024 粒。

……

第二十一格，2^{20}，大于 100 万。

第二十二格，2^{21}，大于 200 万。

第二十三格，2^{22}，大于 400 万。

……

第三十八格，2^{37}，超过了 1000 亿！

……

第六十四格，2^{63}，是多少呢？

陛下，出大事了！我们就算把全国的小麦都收集起来，也凑不够啊。

像这样，把一个数反复多次相乘的运算，叫作“乘方”。2 被反复相乘之后，数值会以惊人的速度增长，这就是指数级增长。

接二连三地说谎和犯错，虽然不等同于数学的乘方，但是这个故事也该让你明白“反复”的后果有多严重了吧。

大家好奇的用语

速度（第13页）

人或物体在单位时间内，在某一方向上所移动的距离。1小时走3千米，速度就是3千米/时；1秒移动10米，速度就是10米/秒。通常，人走路的速度比跑步的速度慢，火车的速度比飞机的速度慢。

计算机语言（第21页）

计算机和人类不同，人类有数千种语言，但计算机能够直接识别的语言仅由二进制数“0”和“1”组成。0代表电路中无电流通过，1代表电路中有电流通过。

乘方（第80页）

将同一个数反复多次相乘的运算，叫作乘方。相乘两次叫作二次方或平方，相乘三次叫作三次方或立方，相乘四次叫作四次方……乘方有特定的表示方式，如将2反复相乘十次，则表示为2^{10}。

这些也是数学！

数字化
（第21页）

要想理解数字化的意思，首先要知道模拟量。以指针钟表为例，它通过不断转动的指针来表示时间。像这样在时间和数值上连续变化的量，称为模拟量。与之相反，数码钟表以秒为单位跳跃式地计数，从 1 秒直接跳到 2 秒，再从 2 秒跳到 3 秒。这种在时间和数值上以固定间隔表示的量，称为数字量。将模拟量转换为数字量的过程，就是数字化。数码相机就是将影像信息转换成由“0”和“1”组成的数字信号后再进行储存的。

肥皂水能吹成漂亮的泡泡，两个水滴相遇时会合成一个较大的水滴，这些现象都是液体表面张力的体现。表面张力是液体表面层的分子间相互作用力的表现，它使液体表面有收缩到最小面积的趋势。

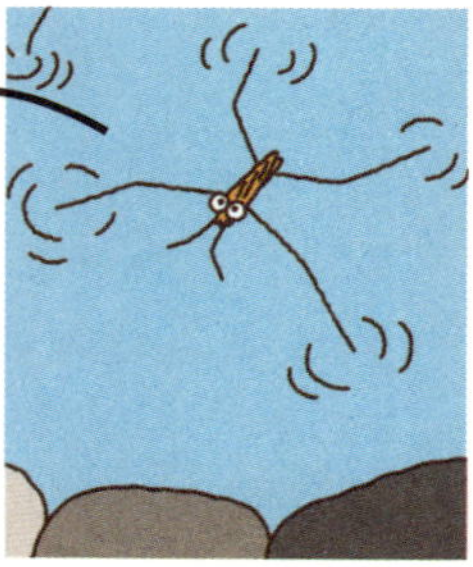

表面张力
（第37页）

通货膨胀
（第60页）

通货膨胀是一种经济现象，它会让人们觉得钱变得不那么值钱了。当市场上流通的货币量越来越多，大大超过了商品的数量时，就会导致货币购买力下降，物价普遍上涨，发生通货膨胀。

中国也有自己的“搞笑诺贝尔奖”

浙江省科技馆与果壳网联手，于2012年共同创办了中国版“搞笑诺贝尔奖”——菠萝科学奖。该奖以“向好奇心致敬”为口号，每年评选出8～10个既严谨又有趣的科学研究：从“数钱止痛”到“一个泳池的尿液含量”，从“蚊子为什么不会被雨滴砸死”到“瓦罐鸡汤的美味奥秘”，从“能够辨别假酒的人工舌头”到“防挂壁马桶”……

2024年菠萝科学奖的奖杯是一只砂锅，主办方希望通过这样的奖杯，呼吁所有科学爱好者和科研工作者“打破砂锅问到底”，探索问题的本质和原理。

新东方 XDF.CN | 大愚文化 更好的你 更大的世界

什么？还有搞笑诺贝尔？

搞笑诺贝尔奖（Ig Nobel Prizes）创立于1991年，

是对诺贝尔奖的戏谑模仿，

表彰的是那些“乍看令人发笑，之后发人深省”的研究。

本系列精选搞笑诺贝尔50个获奖研究，

每一个都让人惊呼“居然有人研究这个”！

研究过程有多严谨，结论就有多搞笑。

谁会喜欢这套书？

- ☑ 觉得课本太无聊的小学生
- ☑ 急需让孩子放下手机的家长
- ☑ 头顶问号的好奇星人
- ☑ “不正经”知识爱好者

水有记忆吗?
~~~~

想跟我学
轻功水上漂吗?

用火柴头造钻石?
~~~~

搞笑诺贝尔

数学篇 模式

好奇心工作室 / 著

中国出版集团有限公司
China Publishing Group Co., Ltd.
现代出版社

你喜欢数学吗？

你喜欢数学？那真是太好了！不过还是有很多小朋友一听到数学就郁闷，他们明明很想学好数学，但由于在计算过程中频频出错，就有了“数学好难！”的感觉。所以，我想带领这些小朋友通过搞笑诺贝尔奖重新认识和了解数学，激发他们对数学的兴趣。

获得搞笑诺贝尔数学奖的研究屈指可数。我从搞笑诺贝尔的获奖研究中精选了十项与“模式”相关的研究，它们未必都获得了数学奖，但这些“乍看之下令人发笑，细思之后发人深省”的研究，会让大家笑着笑着就对数学产生好感，读着读着兴许还会下决心成为数学家呢！

接下来，就让我们在 PAI 老师的引导下，一起走进妙趣横生的数学世界吧！

你知道搞笑诺贝尔奖吗？

搞笑诺贝尔奖设立于 1991 年，由科学幽默杂志《不可思议研究年鉴》创办，奖项涉及物理、化学、医学、数学、生物、和平等多个领域，旨在提高人们对科学的关注度，激发人们对科学的兴趣。

获得搞笑诺贝尔奖的研究常常出人意料，有的甚至令人无语。但也正是这些不可思议的科学研究，会让人们发出“原来科学这么有趣啊！”或者“原来科学就藏在我们的生活中啊！”这样的感叹。在搞笑诺贝尔奖的颁奖典礼海报上，罗丹的作品《思想者》从坐着思考变成了躺在地上思考，其目的就在于强调“转变思维”的重要性。

那么，现在就让我们用这本书打破思维定式，开启怪诞离奇的科学视角吧！

目录

搞笑二人组

PAI 老师

PAI 老师的“PAI”既不是蛋黄派，
也不是巧克力派，
而是无限不循环小数——圆周率 π。
这位充满好奇心的数学老师
总是拖着一个小行李箱，
随时准备前往有数学的地方。

我

我们小区公认的“热心肠”，
爱管闲事，
好奇心强，行动力无敌！
但说实话，数学不太开窍。

1

你每天说多少谎话？

我在 PAI 老师家玩得正高兴，老师的手机响了。

三点一四一五九……

铃声很特别吧？这可是 PAI 老师亲自录制的，他将这首歌命名为“π之歌”。

老师接起电话，里面传出妈妈的声音。我听后，连忙给 PAI 老师摆手示意，让他说我不在。

“人们总是比自己想象中的更爱说谎。”

“其实，我不怎么说谎的。”

“哦？那你一天会说几次谎呢？”

“嗯，也就两次左右吧。”我低着头小声回答。

“这应该又是一个谎话吧？你刚才已经说过一次谎了，距离今天结束还有很长时间，你确定自己一天只说两次谎吗？”

我仔细想了想，每天好像真的不止两次！

我每天会说多少次谎呢？

你洗手了吗？
洗过了。
这件衣服怎么样？
哇，真是太美了！

“一些学者专门研究过说谎，内容包括：人们平均每天说多少次谎，谎话的类型等。”

1997 年，美国南加州大学心理研究小组对 20 名成年人进行了调查。结果显示，这 20 人平均每人每天说谎 180 次左右。

2002 年，美国马萨诸塞大学的研究团队对 60 名成年人进行了调查。结果显示，他们平均每人每天说谎 400 次左右。

我从不说谎。
第 180 次说谎
我不知道何为谎话。
第 400 次说谎

2014 年，加拿大的研究团队发现：4 岁的孩子每 2 小时说谎一次，6 岁的孩子每 1.5 小时说谎一次，10 岁以上的孩子说谎次数反而减少了。

2 小时
我刚才没吃巧克力。
咻！
1.5 小时
我没欺负妹妹。
哭够了没？
我已经 10 岁了，不再说谎话了。

“哎呀，成年人每天竟然会说几百次谎？！怪不得会有‘说谎不打草稿’和‘谎话连篇’这样的说法，人的一生不知道要说多少谎呢！”

“不过，获得 2016 年搞笑诺贝尔心理学奖的荷兰阿姆斯特丹大学研究小组，却得出了和前面的研究团队截然不同的结论。他们调查发现，人们平均每天会说两次谎。”

“几百次和两次？为什么差异会如此之大呢？”

原因在于白色谎言。
谎话
谎话
谎话
白色谎言？谎话也有颜色吗？

PAI老师小课堂

通过图表看关系

就像把严重的谎言称作“弥天大谎”一样，人们也会用颜色区分谎言。

比如，妈妈得肠炎去了医院，你担心地问她疼不疼，她告诉你没事。事实上，妈妈因为怕你担心而说了一个善意的谎言。

白色谎言就是善意的谎言，是为了照顾他人感受而说的，不会对别人造成伤害。

妈妈，您疼得厉害吗？
放心，我没事。

不同团队的研究结果之所以存在这么大差异，是因为他们对谎言的界定不同。声称每人每天说几百次谎的研究小组，将善意的谎言也算作谎言。而获得搞笑诺贝尔奖的研究小组，则并未将善意的谎言算作谎言。

“究竟什么样的谎言才称得上是真正的谎言？”这个问题并没有公认的标准答案。

你最近过得好吗？
挺好的。
路上堵车，所以来晚了。
不是我干的。
我们要将善意的谎言排除在外。

因此，不同的研究团队会以不同的标准开展研究。但为什么只有阿姆斯特丹大学的研究小组获得了搞笑诺贝尔奖呢？

要知道，其他研究团队只调查了 10 ~ 300 名成年人。而阿姆斯特丹大学的研究小组则对 1005 人进行了调查，不仅样本数量更多，而且年龄跨度也更大——从 6 岁到 77 岁。正因如此，他们发现了

年龄和说谎次数之间的关系。

下面就是阿姆斯特丹大学研究小组整理的表格，让我们一起来看看哪个年龄段的人最爱说谎吧。

年龄	平均每天说谎的次数
6-8	1.75
9-12	2.59
13-17	2.80
18-29	1.94
30-44	2.06
45-59	1.82
60-77	1.57
整体平均数	2.19

从表格中我们可以看出，十几岁的孩子最爱说谎，成年人会说得少一些。各个年龄段加起来，平均每人每天说谎 2.19 次，约等于两次。

来自英国的一个研究团队发现，谎话说得越多，大脑中的“制动系统”——杏仁核就越容易失控，说谎者渐渐地就会像匹诺曹一样，变得谎话连篇。

让您跟我妈妈说谎，其实都是为了我妈妈好。如果直接告诉她我不想回家，妈妈会伤心的。我说的是善意的谎言。
你说什么？这已经是你今天说的第三个谎话了。你超过了平均值！
噌
噌
噌
吱
吱
π

2

哪个国家的纸币最脏？

每个星期二，我都会和 PAI 老师一起去图书馆。

这天，我选完书后环顾四周，发现老师正站在图书杀菌机面前。

你一定想不到他正在往里面放什么！

老师，您怎么能往图书杀菌机里放钱呢？
因为纸币很脏啊！
100
图书杀菌机

“您说什么？纸币很脏？”

“没错，虽然表面看起来很干净，但实际上**纸币上的细菌数不胜数。”**

“细菌？在纸币上面生存？”

“是的。纸币上的细菌主要靠吃人类手上的角质和油脂存活，而钱包内的温度和湿度也非常适宜它们繁殖！

哟吼！这里真舒服。我们就是常见的细菌三剑客！
还得是人类的角质呀，味道太棒了！
吧唧
吧唧
上次，钱包主人还用刚吃完东西的手摸了钱，这让我更开心了！
AA725610A
AB3529001
韩国银行 一千韩元
OOBANK
手消毒剂

“还有人对细菌最喜欢哪国的纸币进行了研究。”

“这种研究很符合搞笑诺贝尔的风格呢！”

“没错！来自土耳其的哈比普·盖迪克博士和来自荷兰、德国的两位科学家，共同研究了哪国纸币最擅长传播致病细菌，并因此获得了 2019 年的搞笑诺贝尔经济学奖。”

1. 收集多个国家的纸币。
2. 对收集的纸币进行杀菌处理。
3. 将三种细菌接种到干净的纸币上。
4. 将纸币在 35℃的环境中放置 24 小时。

“虽然在此之前，也有人研究过纸币上有多少细菌、有什么细菌，但是哈比普·盖迪克的研究团队首次对**多个国家和地区纸币上的细菌存活状况进行了比较**。大多数国家的纸币由棉纤维制成，也有部分国家的纸币里含聚合物，这些材质都能增加纸币的耐用性。但同时，它们可能也是影响细菌存活的因素。”

PAI老师小课堂

用表格作比较

哈比普·盖迪克的研究团队在经过灭菌处理的 7 种纸币上接种了葡萄球菌、肠球菌和大肠杆菌，并在干燥 3 小时、6 小时、24 小时后，检查了不同纸币上的细菌数量。

我们对人类无害。
我们和人类一起生活。
我们是对抗生素具有耐药性的变种。
我们非常危险。

研究小组在 3 小时后对 7 种纸币上的细菌数量进行了调查，并整理成了表格。

货币	耐甲氧西林金黄色葡萄球菌	抗万古霉素肠球菌	产超广谱 β- 内酰胺酶大肠杆菌
欧盟（欧元）	无	少	少
克罗地亚（库纳）	无	无	无
罗马尼亚（列伊）	多	多	多
摩洛哥（迪拉姆）	无	少	无
美国（美元）	少	无	少
加拿大（加拿大元）	少	无	无
印度（卢比）	无	少	无

罗马尼亚的钞票最好，我要在这里定居！
哟吼！
50 LEI CINCIZECI
这里不太宜居啊。
ONE
ONE DOLLAR

6 小时和 **24 小时**后的**细菌存活**状况呢？
我们也通过**表格**比较看看吧。

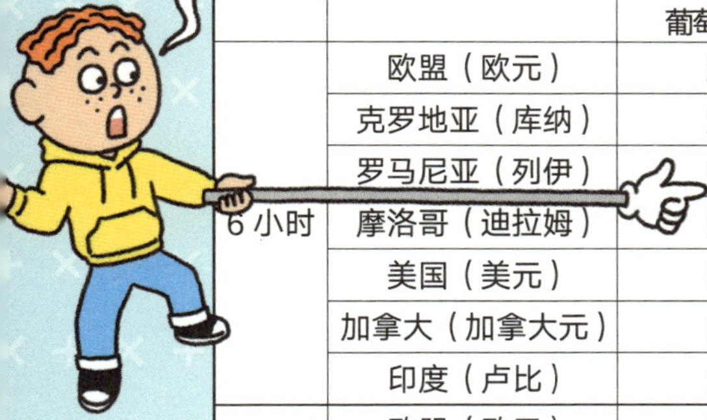
6 个小时后，罗马尼亚的纸币上的 3 种细菌仍然是最多的。

时间	货币	耐甲氧西林金黄色葡萄球菌	抗万古霉素肠球菌	产超广谱 β-内酰胺酶大肠杆菌
6 小时	欧盟（欧元）	无	无	少
	克罗地亚（库纳）	无	无	无
	罗马尼亚（列伊）	多	多	多
	摩洛哥（迪拉姆）	无	无	无
	美国（美元）	无	少	少
	加拿大（加拿大元）	少	少	无
	印度（卢比）	无	少	无
24 小时	欧盟（欧元）	无	无	无
	克罗地亚（库纳）	无	无	无
	罗马尼亚（列伊）	中等	无	无
	摩洛哥（迪拉姆）	无	无	无
	美国（美元）	无	无	无
	加拿大（加拿大元）	无	无	[illegible]
	印度（卢比）	无	[illegible]	[illegible]

干燥 24 小时后，只有罗马尼亚纸币上的细菌还活着。

罗马尼亚的纸币与其他国家的纸币究竟有什么不同呢？

为了杜绝假币，每个国家制造纸币的工艺都是对外保密的，因此我们无法知晓罗马尼亚纸币备受细菌青睐的原因。

但是**细菌**更青睐**罗马尼亚纸币**的理由一定就藏在它的**制造工艺**中。

不过，这肯定不是罗马尼亚政府的初衷，对吧？

老师，可以把我的纸币也消下毒吗？
你一开始跟我说什么来着？
图书杀菌机
一把
一把

3

犀牛转移大作战

哇，有生之年，我竟然能站在非洲南部的大草原上看犀牛！

“体形这么庞大的犀牛只吃树叶就能生存，真神奇！”我不由得感叹道。

“比犀牛体形更大的大象，也是食草动物。”

“老师，那只犀牛周围没有同类，它是独自生活的吗？”

“那是黑犀牛，它是独居动物，成年后就会独自生活。”老师停顿了一下，又接着说道，

“野生犀牛几乎没有天敌。

即便是狮子，碰到犀牛也不敢轻举妄动。”

狮子的牙齿无法穿透我盔甲般的皮肤。
所以，在很久很久以前，人们会用犀牛皮做盔甲。
π

“那犀牛被人类抓住过吗？”

“是的。对于任何动物来说，人类都是最危险的存在。1960 年，世界上还有大约 10 万只黑犀牛，到 1995 年就只剩下 2400 只了，种群数量减少了 98%。”

“怎么会减少这么多？”

“因为人类的非法猎杀和走私活动。据说犀牛角可以治愈各种疾病，还有些人热衷于用犀牛角制作各种各样的刀柄。”

为了得到犀牛角，
偷猎者穿梭于非洲大草原，
残忍地捕杀犀牛。

听说犀牛角能治病。
它的角可是很值钱的。
我珍贵的角！
瑟瑟发抖～

这时，远处突然传来直升机的声音。我循着声音望过去，结果被眼前的景象吓了一跳。

“老师您看，犀牛被倒吊在空中了！”

“这是为了把犀牛转移到安全的地方。”

嗒嗒嗒
嗒嗒嗒
这么倒吊着难道不危险吗？
不会，这样反倒更安全。这让我想到了获得2021年搞笑诺贝尔运输奖的研究。

PAI老师小课堂

保护犀牛，也能用到表格

由于人类猖獗的盗猎行为，再加上当地政府保护不力，犀牛的数量大幅减少。与此同时，栖息地的丧失导致犀牛种群隔离，增加了犀牛近亲繁殖的概率，许多遗传问题随之出现。为了减少不利影响，

增加犀牛的种群数量，有人提出了在分散的栖息地之间转移犀牛的建议。

那边的栖息地，车开不进去。
起初，人们是用卡车转移犀牛的。从2010年起，才改用直升机搬运。

倒吊在直升机上的犀牛，任谁看都觉得可怜。

为此，纳米比亚政府与美国康奈尔大学医学院的罗宾·拉德克利夫教授的团队合作，对**“转移犀牛时，究竟用卡车好，还是用直升机好”**进行了研究。

转移犀牛时，会给它们注射强力麻醉剂，这些药物可能会影响犀牛的健康，所以运输时间越短越好。
麻醉状态下，不同姿势对肺部和心血管功能的影响也不同。
咔嗒
VS.
我们通过起重机来模拟直升机转移的情形，比较侧卧和倒吊的不同影响。

研究人员麻醉了 12 头犀牛，使其中 6 头侧卧，6 头倒吊。10 分钟后，他们测量了犀牛的动脉氧分压，再把侧卧的 6 头倒吊起来，使倒吊的 6 头侧躺下来，10 分钟后再次测量，**以客观地比较哪种姿势更好。**

区分	侧卧	倒吊
动脉氧分压	38 mmHg	42 mmHg
动脉二氧化碳分压	55 mmHg	52 mmHg

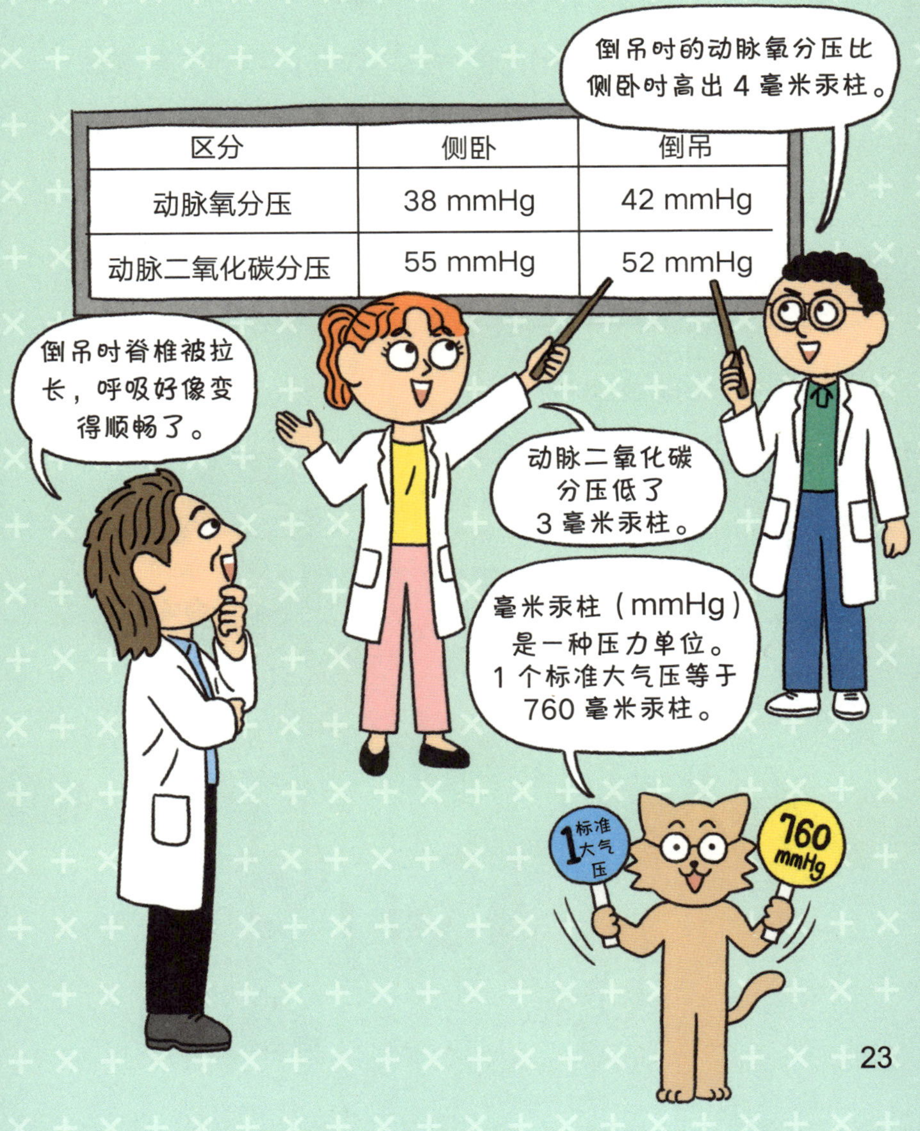
倒吊时的动脉氧分压比侧卧时高出 4 毫米汞柱。
倒吊时脊椎被拉长，呼吸好像变得顺畅了。
动脉二氧化碳分压低了 3 毫米汞柱。
毫米汞柱（mmHg）是一种压力单位。1 个标准大气压等于 760 毫米汞柱。
1标准大气压
760 mmHg

比较各项数值后发现，
倒吊转移更有利于犀牛的健康。
倒吊并非在虐待动物，
而是在保护它们。

与侧卧相比，倒吊的方式不仅让犀牛呼吸更顺畅，而且能避免犀牛的体重给骨头和肌肉造成负担。此外，直升机可以到达车辆无法到达的崎岖山区，运输时间比卡车更短，因此犀牛的麻醉时间也更短。

听说倒立对人体的血液循环也有好处。
这次是保护人类。哈哈！
对！

4

坐过山车有助于排出肾结石？

老师，我听说人的身体里有石头。
没错，“铁石心肠”嘛！

我明明很严肃，PAI 老师却跟我开起了玩笑。我只能无奈地补充道：“不是，我妈妈上周去医院，把肾里的石头打碎了。”

“哦，你是说肾结石啊。肾结石是肾脏里长出的像石头一样坚硬的东西。”

“在肾脏里的石头，我们根本看不见，要怎么打碎呢？”

“医生会通过体外冲击波，就是从患者身体外部向特定位置发射高能冲击波，来打碎肾脏内的结石。”

就像开枪一样吗？
差不多，不过除结石的装置利用了椭圆的聚焦原理，这把“枪”不会伤人。

“高能冲击波经过身体组织时会沿着特定路径传播，在焦点处能量最为集中，而在焦点以外的区域会迅速衰减。冲击波穿透皮肤、肌肉和脂肪，聚焦在结石上，通过连续多次的冲击将结石击碎成小块甚至粉末。”

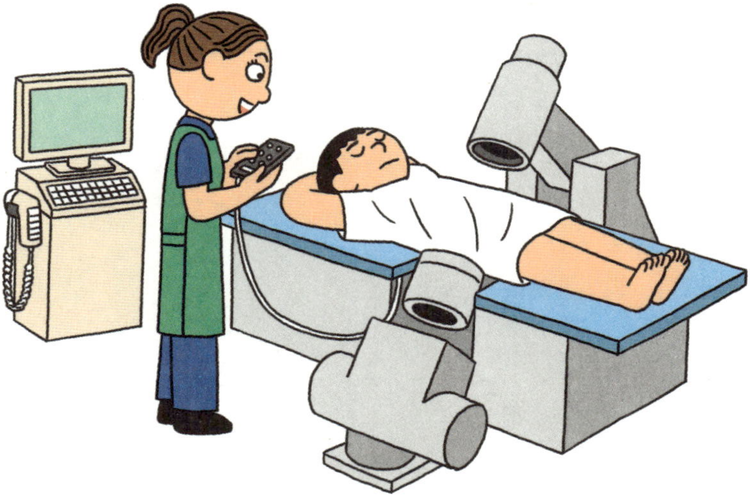

利用体外冲击波粉碎肾结石的过程

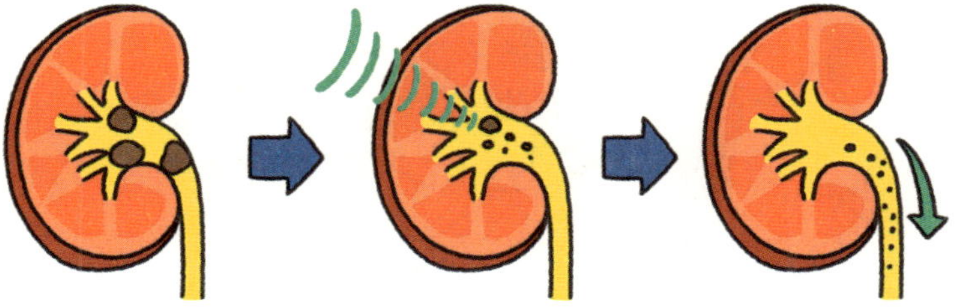

1. 结石过大，无法进入尿管，病人痛感强。
2. 体外冲击波打碎结石。
3. 结石碎块随着尿液排出。

“治疗肾结石的常规方法就是用体外冲击波击碎结石，然后让结石碎块随尿液排出体外。不过，结石碎块有时可能需要几个月的时间才能全部排出。”

“几个月？需要这么久？”

“有一个能加速结石碎块排出的方法，并且这个方法可以预防结石复发。”

据说坐过山车有助于排出结石。有人通过实验证实了这点，并因此获得了2018年搞笑诺贝尔医学奖。
是游乐园里的过山车吗？

PAI老师小课堂
让复杂信息变得一目了然

获奖的是美国密歇根州立大学的大卫·沃廷格和马克·米切尔。他们听说有些患者在**坐过几次过山车后排出了肾结石**，为了确认坐过山车和排出肾结石之间是否存在关系，两人决定进行一项实验。而这项实验必须具备两大要素——患肾结石的人和过山车！

得肾结石的患者有很多，不过……
他们愿意去坐过山车吗？
还是我们亲自去坐过山车吧！

想要使结果具有说服力，不仅实验步骤要详细严谨，还要进行多次实验。

两人用硅胶制作了一个透明的肾输尿管模型，将患者乘坐过山车后排出的 3 枚大小不同的结石放入其中，然后拿着这个人造模型足足坐了 20 次过山车。

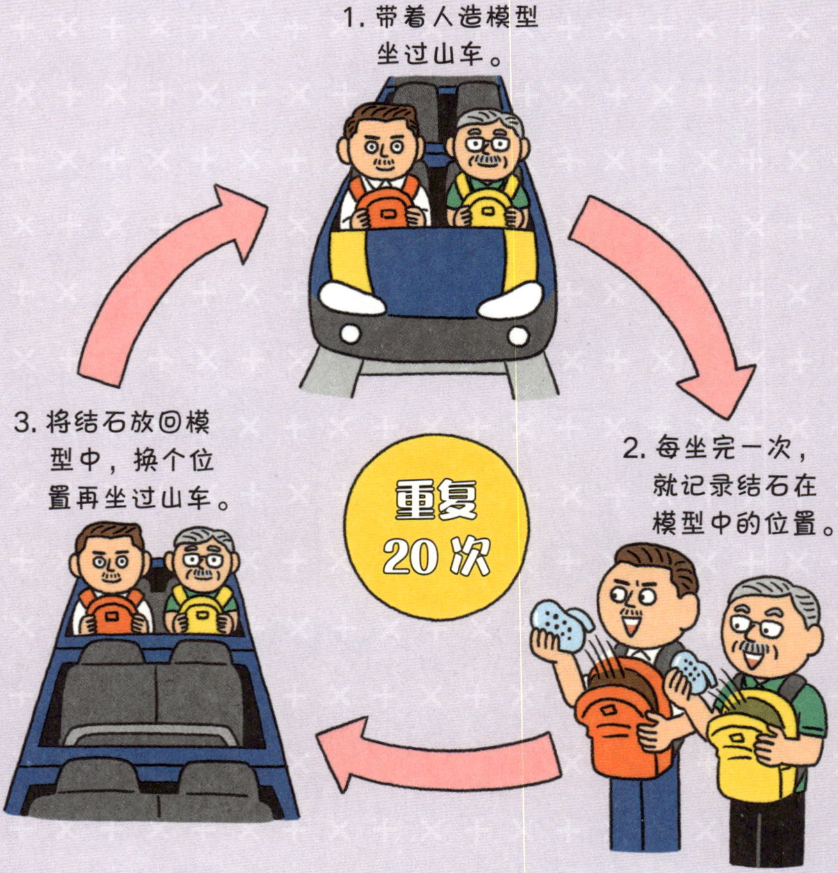
1. 带着人造模型
坐过山车。
2. 每坐完一次，
就记录结石在
模型中的位置。
3. 将结石放回模
型中，换个位
置再坐过山车。
重复
20 次

用表格整理后，实验结果变得一目了然。

研究组记录了在乘坐 20 次过山车的过程中，3 枚结石的排出情况，并用表格对实验结果进行了统计。从表格可知，坐在过山车前排时，只有约 17% 的结石被排出；而坐在后排时，排出率高达 64%。

乘坐的位置	不同大小的结石的排出率（排出次数 / 乘坐次数）			总排出次数 / 总乘坐次数	百分数
	细小的	中等的	较大的		
前排	1/8	1/8	2/8	4/24	17%
后排	8/12	7/12	8/12	23/36	64%

哎呀，只排出 4 个。
哇，64% 的结石都被甩出来了。

如果按结石在肾盏内的初始位置进行统计，

可以发现：坐在后排时，肾上盏的结石排出率是100%，这结果令人惊讶吧？

乘坐的位置	结石位于肾盏的位置	不同大小的结石的排出率（排出次数/乘坐次数）			总排出次数/总乘坐次数
		细小的	中等的	较大的	
后排	上	4/4	4/4	4/4	12/12
	中	3/3	1/4	1/2	5/9
	下	1/5	2/4	3/6	6/15

我……我要带着妈妈去坐过山车！
你把这张表带上，给妈妈看看！

5

先倒茶，还是先倒奶？

PAI 老师午餐点了糖醋肉。糖醋肉一送来，我就赶紧抱住了装酱汁的碗。

"你这是干什么？" PAI 老师看不懂我的操作。

我不是说过，我是"蘸吃派"嘛。
在韩国，糖醋肉有两种吃法："倒吃派"主张将酱汁全部倒入糖醋肉中吃；"蘸吃派"则喜欢夹起糖醋肉一点点蘸着酱汁吃！
嗖！

PAI老师放下筷子，说："韩国吃糖醋肉时有'倒吃派'和'蘸吃派'的争论，英国泡茶时也存在**'先倒茶还是先倒奶'的争论**。"

"茶又不是美味的糖醋肉，值得为它吵架吗？"我不屑地问。

"英国水质不好，因此茶文化很发达。英国人一天要喝三四次茶，尤其喜欢在下午四点左右喝。"

tea first!
milk first!
milk first!
tea first!
先倒奶！
不，应该先倒茶！

“泡茶时先倒**茶**还是先倒**奶**，这是英国人**争论**了近百年的问题。”

“那么，他们最后得出结论了吗？”

“作家乔治·奥威尔在1946年写了一篇题为《泡一杯好茶》的随笔，在其中公开了自己的泡茶步骤和心得。”

我是《动物农场》和《一九八四》的作者乔治·奥威尔。请大家按照我的方法喝红茶吧。
泡一杯好茶
1
2
3
4
10 先往茶杯里倒茶，然后倒奶。

“但是争论没有因奥威尔而结束。1980 年，

英国标准协会发布了泡茶标准程序，

并因此在 1999 年获得了搞笑诺贝尔文学奖。”

泡茶居然还有标准程序！
不管是解数学题，还是拉屎，程序都很重要！
英国标准协会
BS 6008:1980
ISO 3103:1980
用于官能测试的茶水冲泡法
[ISO title: Tea — Preparation of liquor for use in sensory tests]
NO COPYING WITHOUT BSI PERMISSION EXCEPT AS PERMITTED BY COPYRIGHT LAW
BSi

PAI老师小课堂

泡一杯茶的标准程序

英国标准协会颁布的泡茶标准程序到底是怎样的呢？在回答这个问题之前，我们先看看为什么英国会出现“先倒奶”和“先倒茶”的争论。

一部分英国人之所以支持“先倒奶”，是因为以前的瓷器质量不好，先倒牛奶能够降低温度，防止瓷器遇到热茶时炸裂。而英国王室一直坚持“先倒茶后加奶”，这可能是出于对泡茶方式的讲究。

这是泡茶的标准程序，
让争论到此为止吧！
泡茶标准程序
1
2
3
哼！
真的？

英国标准协会发布的
泡茶标准程序

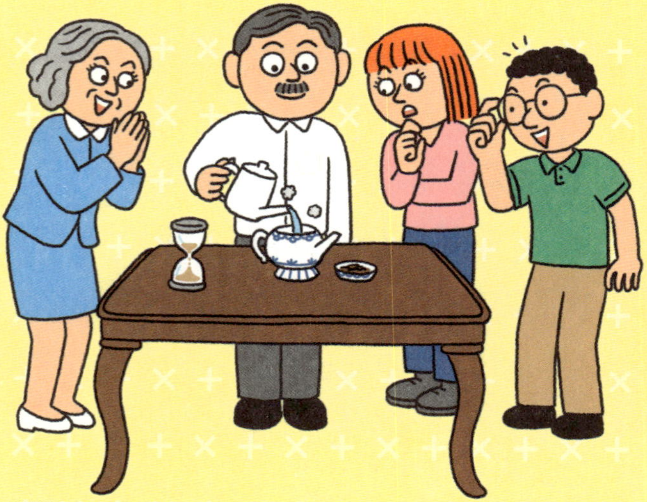

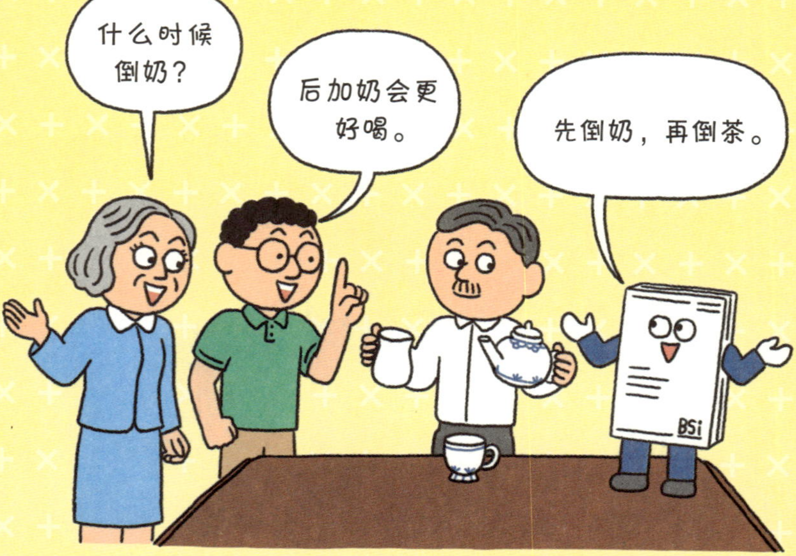

什么时候倒奶？
后加奶会更好喝。
先倒奶，再倒茶。
BSi

1 准备白色陶瓷茶壶和茶叶。每 100 克水需要 2 克茶叶，茶叶量可上下浮动 2%。

2 将茶叶放入茶壶中，倒入开水。

3 将茶叶浸泡约 6 分钟。

4 往茶杯里先倒奶，后倒茶水；如果后放奶，则要等到茶水温度降至 65~80℃。每 100 毫升茶水配 1.75 毫升牛奶。

即使对茶一无所知，按照这个标准程序做，也能泡出一杯美味的茶。

在数学中，这样有限的、确定可行的一系列操作步骤叫作算法。

我打算出一个糖醋肉的“蘸吃”算法。
如果你的“蘸吃”算法能得到标准协会的认证，那我就放弃“倒吃”。
6分钟

6

智能手机僵尸出现了！

今天我和PAI老师一起看了电影《僵尸城市2》。出了影院，我还沉浸在剧情中。

影片中的僵尸虽然有些可怜，不过还是很可怕。

僵尸城市2
电影院
现实中没有僵尸，
这真是万幸！
对吧？

PAI老师并没有回答我，而是转头看向了远处，露出若有所思的表情。

难道僵尸真的存在吗？

“你不觉得那些人和僵尸一样吗？”PAI 老师指着一群正在过马路的人说，“他们像不像**智能手机僵尸**？”

过马路时禁止看手机
安全第一
走路时请勿玩手机

“2021 年，日本京都工艺纤维大学的研究团队进行了一项实验，得出了‘边走路边看手机的人会拖慢人群移动速度’的结论，并因此获得了当年的搞笑诺贝尔动力学奖。”

那样会受伤的。
“智能手机僵尸”不仅可能伤到别人，还会影响行人流。
咔嚓

“您提到的‘行人流’又是什么？”

“在人群聚集的地方，人们的行走会形成一种**模式**。这种模式就是**行人流**。”

“模式？”

“没错。接下来，我来教你如何分析模式。”

破坏模式的“智能手机僵尸”

智能手机僵尸究竟是否会影响行人流？

来自日本京都工艺纤维大学的研究团队进行了一项实验。他们将 54 个志愿者平均分成两组，让两组人沿着一条笔直的通道相向而行。其中一组的 3 个人被要求一边看手机一边走在队伍的前面。

正常情况下，走在人满为患的人行道上时，为了不撞到迎面走来的人，我们会很自然地跟在与自己同一方向的人的后面。

这样就会**形成行人流。**

→ 戴红帽子的人跟在戴红帽子的人的后面，形成人流。

← 戴黄帽子的人跟在戴黄帽子的人后面，形成人流。

哇，它们好像不同颜色的河流。
没错，这就是模式！

但是，当一边看手机一边走路的三个人走在队伍前方时，情况就会大不相同。两组行人乱作一团，移动速度也会下降。

无法形成行人流。

这是因为边看手机边走路的人为了避免和迎面走来的行人相撞，会突然移动或改变方向，行走方向因而变得难以预测。

咦？河流乱了！
也可以说是模式消失了！

我们之所以能在人多的地方安全行走，行人流起到了很大作用。

交通规则之所以规定行人靠右侧通行，就是为了促进行人流的形成。

如果所有人都遵守交通规则，不仅出行更安全，和毫无章法的移动比起来，速度也会快得多！
僵尸城市 2
电影院
我们不是“僵尸”，而是人哦！
我们要靠右侧通行！

7

“猫爪感应”软件

今天，我带着猫去 PAI 老师家玩。

一进门，我的猫就开始到处乱窜，一会儿去客厅，一会儿去卧室，转眼又跑去了厨房，就像在巡视地盘。

我生怕它碰坏什么东西，所以不停地喊：“猫咪，你千万不能闯祸哦！”

现在，这里全都是猫咪的地盘了。
要不，今天就把它放您这儿吧？
研究室

跟 PAI 老师在客厅聊了半天都没看见猫，我连忙起身去老师的研究室找。

“老师，猫爬到您的键盘上了！”

老师听到后急忙跑了进来，吓得猫灰溜溜地跑开了。

“哎呀，我的文件好像不见了！”老师抱头大喊道。

老师，您的什么文件不见了？
呃，是一本名叫《搞笑诺贝尔》的书稿，挺有趣的……

“老师，真的太对不起了……现在该怎么办呢？”我不好意思地说。

“没事，如果我早点安装猫爪感应软件就好了……”

“还有这种软件？”我惊讶地问。

“是啊，美国程序员克里斯·尼斯旺德开发了一种**能够感知猫是否爬上了键盘的软件**，非常受养猫人的欢迎。”

这个发明的确在 2000 年荣获了搞笑诺贝尔计算机科学奖。
哇，这很符合搞笑诺贝尔奖的风格呢！
既然有这样的东西，你为什么不早点安装呢？

“软件是如何识别出猫爬上了键盘呢？”

“因为**它借助了模式的力量。**这个软件能通过输入的信息来判断究竟是人在敲键盘，还是猫在乱按。”

“这样看来，模式不仅存在于行人流中，也存在于猫爪中？”

更确切地说，模式存在于通过键盘输入的信息中。
哇，那是怎么办到的呢？

PAI老师小课堂

是猫爪，还是人手？

尼斯旺德的妹妹养了一只猫。这只猫经常爬到他的键盘上乱踩一通，导致尼斯旺德的文件被删甚至电脑死机，十分影响工作。于是，尼斯旺德决定制作一款软件，**只要检测到是猫爪在按键，就会自动锁定键盘，停止输入。**

如何让电脑识别出猫爪呢？
咔咔

尼斯旺德注意到了猫爪和人类手指的差异。

一方面，当猫爪踩上键盘时，**给键盘施加的压力远大于人类手指的压力。**

另一方面，键位的大小刚好适合人类的手指敲打，**而猫爪比键位大，一般会同时按下好几个键。**

此外，猫和人按键的时间间隔也不一样。

我发现了猫爪和人手
按键盘的模式的不同！

尼斯旺德利用这些模式上的不同制作了**猫爪感应软件**。

该软件一旦判断是猫在按键，就会锁死键盘，并在电脑屏幕上弹出对话框。

想要关闭此窗口，
请输入“human（人类）”。
猫也可以输入“human”吧？
莫非从今天开始，你打算带猫咪去参加特训？

除了锁定键盘，软件在检测到猫按键时，还会播放主人的怒吼或者猫所讨厌的其他声音，将猫驱离键盘。

只要安装了猫爪感应软件，就再也不用担心猫跳上键盘了。

这全是靠**模式的力量。**

但是，您写的东西都不见了，怎么办？
啪嗒！
那我就换成今天这个故事吧。托你家猫的福，我有了一个新话题。

8

粘在车上的黏糊糊的东西

PAI 老师正在拔他家草坪上的杂草。

我不喜欢小飞虫，所以没去帮忙，只是隔着窗户看他忙碌。

这时，帕托老师的车停到了门口，我赶紧跑出去迎接。

“帕托老师，你车上怎么粘了这么多黏糊糊的东西？”PAI 老师问。

“这是摇蚊，这是飞蛾。”帕托老师答道。

看到两位老师对着车指指点点，我也瞟了一眼，结果被吓了一跳——那辆车的挡风玻璃和车牌上布满了密密麻麻的污迹！

你知道这是什么虫子吗？
虫子？这些污迹是虫子？

“没错，这些污迹都是虫子的尸体。当汽车高速行驶时，来不及躲避的飞虫撞到车头上，就会留下一团团污迹。”帕托老师接着说，“有位昆虫学家为了研究这一现象，足足开车行驶了两万多公里。”

“没错，为了探寻虫子的模式，这位昆虫学家吃了很多苦。”PAI 老师附和道。

“到底是谁会去做这样的研究啊？”我好奇地问。

汽车上的
昆虫黏性物质
就是我，马克·霍斯泰特勒。我还在 1997 年出版了一本书——《汽车上的昆虫黏性物质》。
爸爸真厉害！

“昆虫学家马克·霍斯泰特勒凭借这项研究，在1997年获得了搞笑诺贝尔昆虫学奖。在《汽车上的昆虫黏性物质》一书中，马克详细记录了不同昆虫在汽车上留下的黏性物质的形态，目的是帮助人们进一步鉴别这些黏性物质属于哪些昆虫。”

您是说，只看留下的污迹，就能知道它是什么虫子？
没错。要想做到这一点，就必须找出虫子残骸的模式。

PAI老师小课堂

从大数据中找模式

汽车上的昆虫尸体要尽快擦掉，不然，尸体残骸干掉后会黏附在车上，很难再擦洗干净。而且昆虫的体液是酸性的，不及时擦掉的话还可能腐蚀车辆。鉴于这点，马克会定期洗车。

但是他相信，总有一天，**他仅仅通过污迹，就能辨认出是什么虫子。**

我认为每种虫子的污迹都不同！

通过车上留下的污迹辨别出虫子的种类并非易事。马克之所以能做到这一点，不仅因为他是昆虫学家，更重要的是，**他研究了大量的虫子残骸痕迹。**

他不仅驱车两万公里以上，亲自收集虫子尸体，还对 50 辆公交车上的虫子残骸进行了调查。如此庞大的调查样本就组成了大数据。

这是哪种虫子的痕迹呢？我给个提示，大家猜猜看。
1cm
我也想试试！

马克根据虫子痕迹的特征对其进行了分类。

较长的黄色痕迹是蝴蝶造成的；直径约 3 厘米的圆形痕迹是蜻蜓留下的；跟蜻蜓痕迹相似但小一点的是蜜蜂留下的；只有圆珠笔尖大小的黄色或红色痕迹是实蝇造成的。

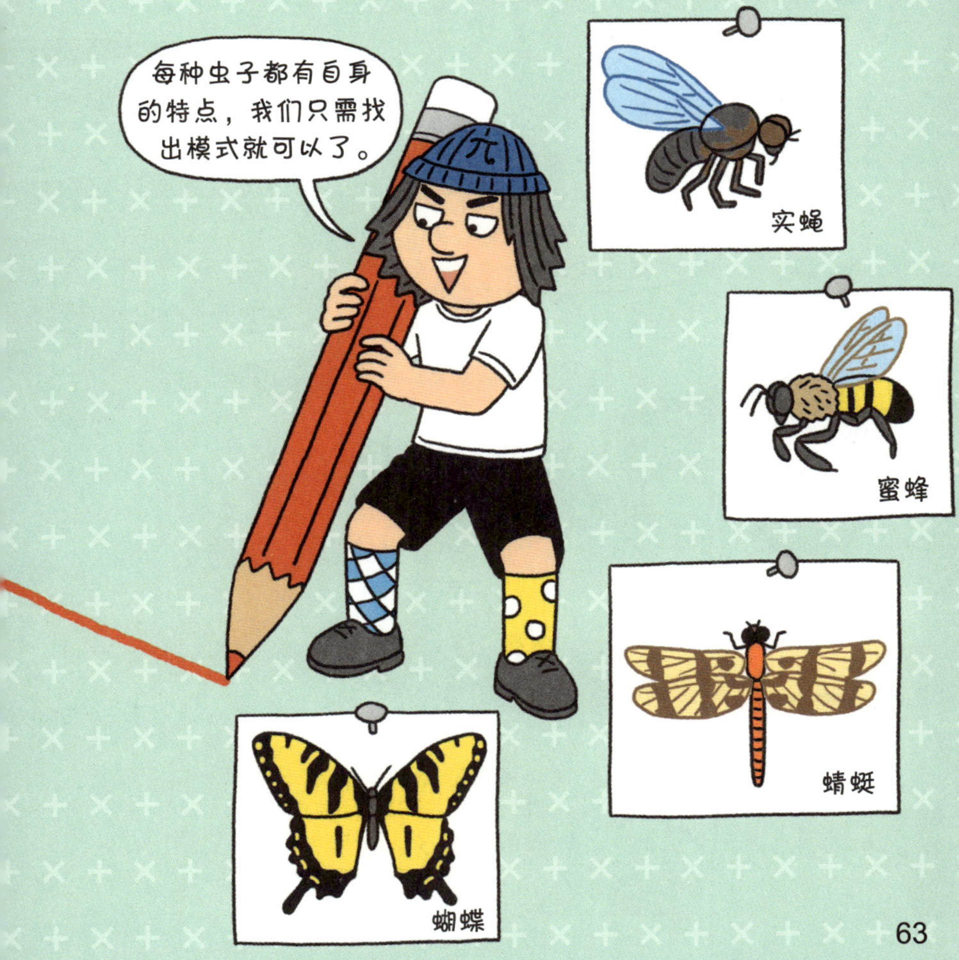

马克非常熟悉当地的昆虫，他知道在哪个季节会出现哪些昆虫。尽管亚洲的昆虫与美洲的昆虫不同，不过原理是类似的。在亚洲，汽车的挡风玻璃上也会留下昆虫的尸体痕迹，体积较大的昆虫会留下面积较大的痕迹，痕迹的颜色就是昆虫的颜色，而留下红色痕迹的昆虫一般是在活着的时候吸了哺乳类动物的血。

这便是飞虫尸体痕迹的**模式**。

刚好帕托老师的车上有很多虫子的残骸，我现在就试着找找模式！
据说，马克的儿子已经将书的内容做成应用程序了。你用那个程序来确认吧。

9

为什么我排的队总是最慢的？

今天要去动物园看白犀牛啦！

虽然不是用直升机搬运的黑犀牛，不过只要能看到犀牛，就很让人期待。

我们用行动说话。
犀牛相互碰鼻子，是想要亲近的意思吧？
白犀牛是白色的吗？
我们去动物园亲眼看看吧！

可是，等我们到了动物园，售票处早已人满为患。

动物园
售票处
①
②
③
④
⑤
⑥
⑦
我们排哪条队，才能快点儿买到票呢？
那条队伍看起来最短。
队伍短，就更快吗？

明明是最短的队伍，却走得最慢。为什么每次我排的队都这样？！
可能是你的运气不好，这就是墨菲定律吧。

虽然小明的话让我很生气，不过“墨菲定律”几个字瞬间让我想到了面包掉落时果酱面着地的概率问题。于是，我大喊道：“对了，抹了果酱的面包！我记得帕托老师说过，墨菲定律其实不是定律。”

“没错，虽然人们一般将‘如果某事有可能出错，就一定会出错’称为墨菲定律，但这种现象其实并不算是定律，而是**概率问题**。”PAI老师继续说道，“这里一共有7队，我们所在的队伍走得最快的可能性是$\frac{1}{7}$，其他6队更快的可能性是$\frac{6}{7}$。这样一比，其他队走得快不是很正常吗？”

那为什么人们要称之为墨菲定律呢？
想听听墨菲定律的由来吗？
定律？
概率？

PAI老师小课堂

要看所有的可能性

那是二战结束后不久，正值航空动力从螺旋桨向喷气式过渡的阶段。喷气式飞机虽然飞得高且速度快，但对飞行员来讲，却意味着飞行将变得更危险。

飞机相撞或坠机造成的突然减速会给飞行员带来巨大的超重体验，飞机的速度越快，飞行员所要承受的压力就越大，也更容易在事故中死亡。

嘎——吱！
坠机时飞行员受到的力和公交车紧急刹车时乘客受到的力，原理相同。不过，前者的力会大很多。

为了设计出安全的弹射逃生系统，美国空军基地开始研究人体所能够承受的最大重力加速度，以及应对这种加速度的技术。

当时，工程师墨菲为飞行实验提供了传感器，以便准确测量飞行员所需承受的重力。不料在测试中，传感器却失灵了。

至于传感器为什么会失灵，有各种说法。其中被普遍接受的说法是：技术人员将传感器的电线接反了，导致传感器没有启动。

电线接反了。如果哪里可能出现问题，就一定会出问题。

传感器失灵事件后，墨菲说的一句话变成了后来的“墨菲定律”。它提醒工程师们要在设计和制造产品时，考虑各种潜在的故障和失败点，提前规避风险。

墨菲定律被世人熟知后，斯塔普、墨菲和乔治·尼科尔斯因共同创造了这条定律而在 2003 年获得了搞笑诺贝尔工程学奖。

只不过，指代事情往往会朝着不好的方向发展的**墨菲定律，其实不是定律。**当时，安装传感器的技术人员在连接电线时选择了错误的接法，这其实是个概率问题。

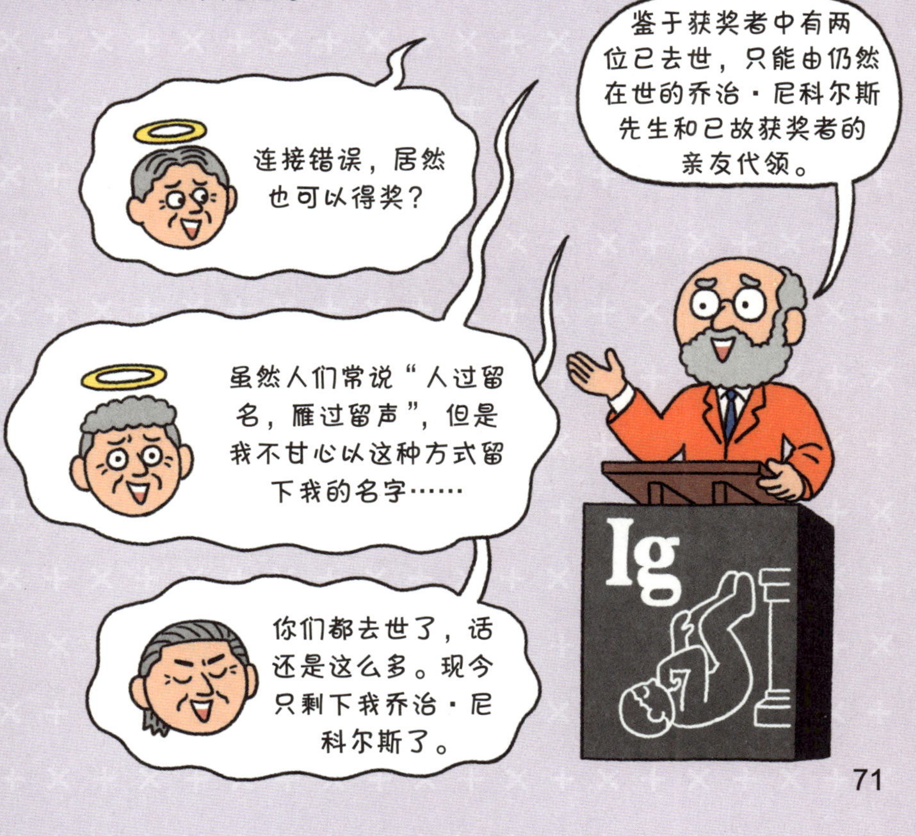

鉴于获奖者中有两位已去世，只能由仍然在世的乔治·尼科尔斯先生和已故获奖者的亲友代领。
连接错误，居然也可以得奖？
虽然人们常说“人过留名，雁过留声”，但是我不甘心以这种方式留下我的名字……
你们都去世了，话还是这么多。现今只剩下我乔治·尼科尔斯了。
Ig

我们之所以会把墨菲定律当成事实，其实是因为

我们对出错的事件记忆更深。

从现在开始，我们
三个人分头排队怎么
样？这样就不用再考虑
什么墨菲定律了。
原来并不是你运气不
好，而是概率问题啊！
这样一来，我们的队伍
走得快的概率就不再是$\frac{1}{7}$，
而是$\frac{3}{7}$了。

10

苹果与皮肤的共同点是？

今天在PAI老师家玩的时候，我发现他的桌子上放着好几个皱巴巴的苹果，其中一个甚至被咬了一口。

老师，这些苹果的皮都皱了。
π

“我正在做**起皱观察实验。**”PAI老师正专心地看着什么资料，看都没看我回答道。

“老师，您在看什么呢？”

“我在看马哈德万和塞尔达写的论文。这两个人在2002~2004年，连续三年每年都发表一篇关于褶皱的论文，并凭借这三篇论文获得了2007年的搞笑诺贝尔物理学奖。”

我终于弄清了皱纹生成的原理！
人类皮肤因衰老而产生皱纹，苹果表皮因脱水而形成褶皱，二者原理相似。
皱纹？就是那个我妈妈每天都在抱怨的、上了年纪之后长出来的东西？

苹果居然会和人一样长皱纹，真不可思议！

“随着年纪的增长，人类皮肤深层的弹性纤维和细胞水分就会减少。苹果也一样，在放置过程中其内部水分会流失，导致果肉萎缩。当内部发生萎缩，但是表皮的面积不变的时候，**表皮就只能折叠起来，从而包裹更小的内部。这就是皱纹产生的原理。**”

听说你变干瘪和我长皱纹的原因是一样的？

“这些知识我都知道啊。”

“别急，我们马上就要进入马哈德万和塞尔达的研究了。试想一下，如果你拉伸塑料的话，结果会怎样呢？”

“会产生褶皱。”

“没错。无论是塑料，还是人的皮肤、苹果皮，都是薄膜。马哈德万和塞尔达就是

通过研究薄膜找到了
褶皱产生的模式。

他们甚至总结出了一个可推导皱纹大小和形状的方程！”

皱纹
我来告诉你反映皱纹模式的方程吧。
啊，皱纹竟然也和数学相关！

PAI老师小课堂

揭示皱纹模式的方程

随着年纪增长，我们的脸上会出现皱纹——有不太明显的细纹，也有比较深的皱纹。

皱纹的状态受到多种因素影响，包括皮肤暴露在紫外线下的程度、皮肤内部的收缩力、保持表皮不长皱纹的支撑力以及肌肉的弹性等。马哈德万和塞尔达**创建了一个方程，只要输入这些条件，就能预测皱纹的粗细和形状。**

你觉得我会长什么样的皱纹？
U=U2+Us-L
Xn(0)=Xn(L)=0

方程是什么？

不管是 2+3，还是□ +4，这些进行数的计算时所列出的式子都叫数学表达式。用等号连接两个数学表达式，就形成了等式。

你见过这样的等式吗？
△ + 5=8
□ + △ =12
见过！
它们还可以写成 x + 5 = 8，x + y = 12。
用 x 和 y 代替三角形和方块，看起来更帅了！
这就叫方程。马哈德万创造的方程中不仅有 x、y，还有很多文字和符号，所以理解起来并不容易！
唉！

预测皱纹的方程可以用在哪里呢？

就用你们喜欢的动画片举例吧，动画片中的所有角色都有一个共同特征。

紧致
紧致
我们不仅脸上没有皱纹，衣服也像橡胶一样紧绷。
紧致
紧绷

如果在建模时运用马哈德万方程的话，我们就能在动画片中看到像真人一样有皱纹的人物，以及有自然褶皱的衣服啦！

运用马哈德万方程揭开褶皱秘密的研究还在继续。

除了人类皮肤、床单、塑料、苹果皮等会产生褶皱，金属或硅等材料也会起皱，马哈德万方程也许有助于催生新的技术，使这些材料表面变得更光滑。

也许它还能帮助科学家揭开大脑褶皱的形成之谜，从而帮助医生治疗相关脑部疾病。

我来用马哈德万方程，抚平老师眼角的皱纹吧！
这些皱纹是岁月给我的勋章！我要留着！

大家好奇的用语

算法（第 40 页）

做炒年糕有步骤，吃饭也有步骤。为了解决某个问题而制定的规则或步骤，叫作算法。算法在计算机出现之后发展迅速。如果给计算机 10000 个数，让其找出最大的数，计算机会两个两个地进行比较，逐次排除较小的那个，直到完成任务。这种操作步骤就是算法。通过这个简单的例子，我们能看出计算机跟人的工作方式完全不同。

模式（第 44 页）

类似于规律，但更强调形式上的规律性。比如，春夏秋冬是季节的模式；1，3，5，7……是数列的模式；三角形、四边形、五边形等是图形的模式。花瓣、海浪、人的行为都有各自的模式，我们可以利用数学找到其中的模式。

方程（第 76 页）

如果 3+ □ =5，那么只有当□ =2 时，等式才成立，这里的□也可以用字母 X 来代替。另外，也有由多个字母组成的方程。数学家和科学家将他们在自然界中发现的模式用方程表示出来。比如，爱因斯坦在广义相对论中揭示了能量分布对时空弯曲的影响，并用一系列复杂的方程来描述这种关系，这些方程简称为“爱因斯坦方程”。

这些也是数学！

制动系统
（第8页）

制动系统可以使机器减速或停止，也称为刹车。以自行车为例，用手按压或拉拽刹车把手，刹车片就会紧紧夹住轮子，摩擦力会阻碍轮子旋转，实现减速。就像自行车的刹车一样，人体内也有一套制动系统，而大脑在其中发挥着重要作用。

细菌
（第10页）

一类微小的单细胞生物，根据形态主要可分为球菌、杆菌和螺旋菌等。细菌的直径很小，一般在一至数微米之间。细菌主要通过二分裂的方式无性繁殖：1 个分裂成 2 个，2 个分裂成 4 个，4 个分裂成 8 个……以此类推，以 2 的乘方的形式增加。多数细菌 20 分钟左右就能分裂一次，这意味着 24 小时后，1 个细菌就会分裂出 2^{72} 个细菌，厉害吧？

过山车
（第28页）

它主要依靠惯性和重力沿着高低起伏的轨道高速滑行。一开始缓缓上坡，而后从轨道高处急速俯冲下来，非常刺激。过山车在进行 360 度翻滚时，之所以不会掉下来，主要是因为过山车的轮子卡在铁轨上，而轨道的形状和倾斜提供了必要的向心力。

意志坚定的“甜普小姐”

在搞笑诺贝尔奖的颁奖典礼上，每位获奖者都有60秒的时间发表获奖感言。同时，一名8岁的小女孩——甜普小姐，将严格执行这个时间限制，防止获奖者讲得太久。一旦获奖感言超时，小女孩就会不断地重复“快停下，太无聊了！”，直到获奖者闭嘴。

为了能够获得更多的发言时间，有的获奖者甚至试图“贿赂”甜普小姐，不过这招往往不管用。毕竟，搞笑诺贝尔奖委员会对甜普小姐的要求是：可爱、拥有惊人的社交智慧、处变不惊和——意志坚定！

新东方 XDF.CN | 大愚文化 更好的你 更大的世界

什么？还有搞笑诺贝尔？

搞笑诺贝尔奖（Ig Nobel Prizes）创立于1991年，

是对诺贝尔奖的戏谑模仿，

表彰的是那些“乍看令人发笑，之后发人深省”的研究。

本系列精选搞笑诺贝尔50个获奖研究，

每一个都让人惊呼“居然有人研究这个”！

研究过程有多严谨，结论就有多搞笑。

谁会喜欢这套书？

- ☑ 觉得课本太无聊的小学生
- ☑ 急需让孩子放下手机的家长
- ☑ 头顶问号的好奇星人
- ☑ “不正经”知识爱好者

倒吊犀牛居然是为了保护它？
哪国钞票最受细菌青睐？
ONE
成年人每天撒谎400次？

搞笑诺贝尔

数学篇 规律和函数

好奇心工作室 / 著

中国出版集团有限公司
China Publishing Group Co., Ltd.
现代出版社

你喜欢数学吗？

你喜欢数学？那真是太好了！不过还是有很多小朋友一听到数学就郁闷，他们明明很想学好数学，但由于在计算过程中频频出错，就有了“数学好难！”的感觉。所以，我想带领这些小朋友通过搞笑诺贝尔奖重新认识和了解数学，激发他们对数学的兴趣。

获得搞笑诺贝尔数学奖的研究屈指可数。我从搞笑诺贝尔的获奖研究中精选了十项与“规律和函数”相关的研究，它们未必都获得了数学奖，但这些“乍看之下令人发笑，细思之后发人深省”的研究，会让大家笑着笑着就对数学产生好感，读着读着兴许还会下决心成为数学家呢！

接下来，就让我们在 PAI 老师的引导下，一起走进妙趣横生的数学世界吧！

你知道搞笑诺贝尔奖吗？

搞笑诺贝尔奖设立于 1991 年，由科学幽默杂志《不可思议研究年鉴》创办，奖项涉及物理、化学、医学、数学、生物、和平等多个领域，旨在提高人们对科学的关注度，激发人们对科学的兴趣。

获得搞笑诺贝尔奖的研究常常出人意料，有的甚至令人无语。但也正是这些不可思议的科学研究，会让人们发出“原来科学这么有趣啊！”或者“原来科学就藏在我们的生活中啊！”这样的感叹。在搞笑诺贝尔奖的颁奖典礼海报上，罗丹的作品《思想者》从坐着思考变成了躺在地上思考，其目的就在于强调“转变思维”的重要性。

那么，现在就让我们用这本书打破思维定式，开启怪诞离奇的科学视角吧！

目录

搞笑二人组

PAI 老师

PAI 老师的“PAI”既不是蛋黄派，
也不是巧克力派，
而是无限不循环小数——圆周率 π。
这位充满好奇心的数学老师
总是拖着一个小行李箱，
随时准备前往有数学的地方。

我

我们小区公认的“热心肠”，
爱管闲事，
好奇心强，行动力无敌！
但说实话，数学不太开窍。

1 身体哪个部位最怕痒？

我和宇宙一起来到 PAI 老师家。不巧老师不在，我俩只能坐在院子里等他回来。

等得有些无聊，我和宇宙对视一眼，打算继续刚才的游戏——挠痒痒憋笑！

刚刚被挠到了怕痒的胳肢窝，所以我输了。这次我要选哪个部位才能赢宇宙呢？

这次就挠你的脚心！
脚心我也不怕，来吧！

“一，二，三，四……”

“嘻嘻！”

在我喊到“四”的时候，宇宙终于忍不住猛地抽回了脚掌，大笑了起来。

这次轮到我憋笑了。

“一，二，三……嘻嘻！”

我本来下定决心要忍到五，但是突然多了个人挠我的后背。我回头一看，发现是PAI老师在捣乱。

唉！差点就要赢的游戏，就这样被PAI老师搞砸了。

我马上就要赢了，
都是因为老师才输的！

“因为我想研究下挠痒嘛。”

“有谁会研究挠痒啊？”我反问道。

老师不慌不忙地说：“这个世界上的任何事物和现象都可以作为研究的主题。美国迈阿密大学米勒医学院的皮肤病学教授吉尔·约西波维奇，以及来自英国、沙特阿拉伯、新加坡的专家组成的研究团队，调查了挠痒痒的愉悦程度，并获得了 2019 年的搞笑诺贝尔和平奖。”

他们究竟研究出了什么呢？
机会来了！
蹑手蹑脚～

“这个国际团队通过实验，研究脚踝、背部和前臂中哪个部位最怕痒，哪个部位被抓挠的时候最舒服，然后用**折线图**展示了其研究结果。”

折线图能让
随时间变化的数据
变得一目了然。

老师，折线图是什么？
瘙痒程度
脚踝
背部
前臂
时间（秒）
它是一种图形，通常我们用它来说明数据之间的关系。你们在书上或者新闻上应该看到过折线图吧。

PAI老师小课堂

一目了然的折线图

研究小组共招募了 18 名志愿者，利用一种豆科植物分别刺激志愿者的脚踝、背部和前臂，进行了持续 5 分钟的瘙痒测试，并每隔 30 秒询问一次他们的瘙痒感，让他们用 0~10 的数字来表示瘙痒程度。其中，0 表示不痒，10 表示痒得受不了。

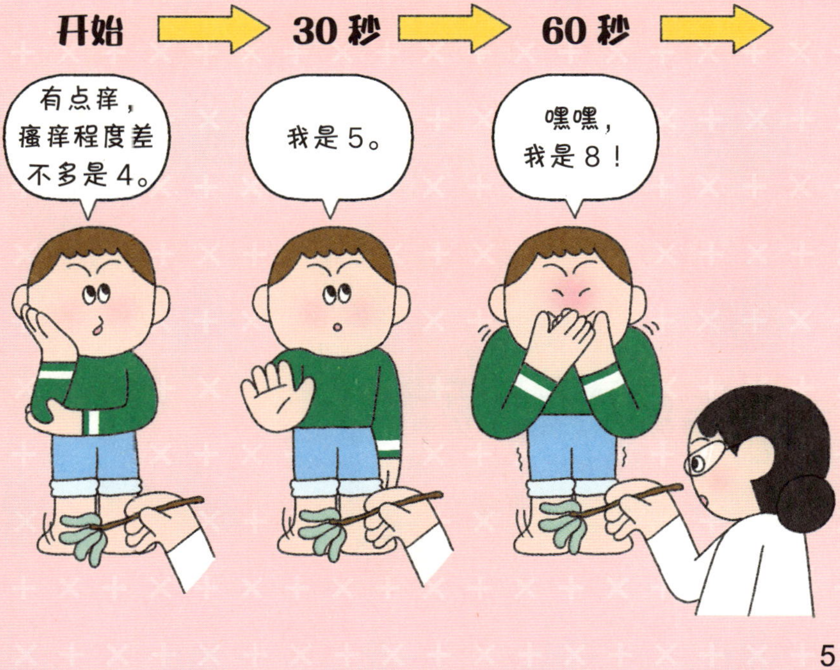
开始
30 秒
60 秒
有点痒，瘙痒程度差不多是 4。
我是 5。
嘿嘿，我是 8！

折线图的横轴表示时间，每格代表 30 秒；纵轴标记的则是 0~10 的瘙痒程度。志愿者在每个时间点的瘙痒程度都能够通过折线图直观地呈现出来。

无抓挠时的瘙痒程度
瘙痒程度
10 9 8 7 6 5 4 3 2 1 0
30 60 90 120 150 180 210 240 270 300
时间（秒）
脚踝
背部
前臂
脚踝和背部更容易感到痒。
这张图好像是说，随着时间流逝，瘙痒感会缓解。前臂最不痒。
最痒的地方是背部。30 秒后，背部的瘙痒程度超过了 8，应该是相当难忍了。

用豆科植物刺激完志愿者的脚踝、背部、前臂，让他们抓挠这三个部位，询问他们的瘙痒程度，将结果

用折线图表示出来，

就可以看出瘙痒感是如何因抓挠得到缓解的。

折线随着时间流逝逐渐下降，就意味着开始抓挠后，瘙痒感越来越轻了吧？
没错。代表脚踝的折线下降最多，意味着抓挠后脚踝的瘙痒感缓解最多。
π

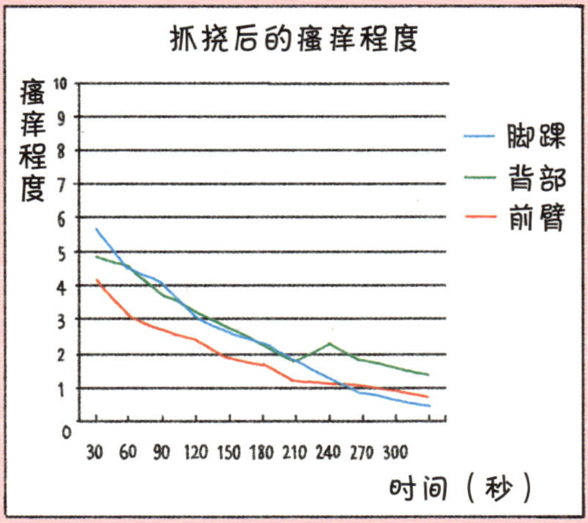

抓挠后的瘙痒程度
瘙痒程度
10
9
8
7
6
5
4
3
2
1
0
30 60 90 120 150 180 210 240 270 300
时间（秒）
脚踝
背部
前臂

通过折线图展现数据，研究结果就变得一目了然！

通过折线图，我们不仅可以看到瘙痒感是如何随着时间推移变化的，还可以对脚踝、背部、前臂三处的瘙痒程度**进行比较。**

你要干什么？为什么脱我的袜子？！
我想做脚掌瘙痒测试，在折线图上再添一条代表脚掌瘙痒程度的折线！

2

卧着的牛，站着的牛

从天上俯瞰，天空的尽头好像和大海连接在一起，水天一色，美不胜收。透过如泡沫般雪白的云彩，可以看到下方静谧的岛屿。

你们想知道我要坐飞机去哪儿吗？

我要和 PAI 老师一起去济州岛，老师还立志要登上济州岛的火山丘呢。

济州岛上有很多火山丘吗？
非常多。就算每天登一座，也要花一年时间才能登完。

PAI 老师今天要带我去登的火山丘，是位于济州岛中部的汉拿山。

巍峨的高山下，一望无际的绿色令人心旷神怡，几头奶牛正悠闲地吃着草。

老师，是牛！牛！
没错，是牛，你是第一次见吗？

“老师，妈妈总说‘吃完饭就躺下会变成牛’，我看那些牛也不是躺着的呀，怎么好像坐着似的。”

“牛休息时不会像人一样仰面躺下，而是像现在这样弯着腿卧着。”

这时，一头卧着的牛站了起来。紧接着，旁边的牛也站了起来。

我才不是因为吃完饭
就躺下而变成牛的，
人家本来就是牛！
你在胡说什么
呢？弄得我心情
都不好了，还是
站起来吧。

“老师，牛站起来了！”我激动地大喊。

老师却不以为意地说：“牛平常就是这样的，时而站着时而卧着，不是在吃草就是在反刍。如果牛一直站着，那就说明它的身体可能出现了问题。有人研究过牛什么时候卧下，什么时候站起来，并因此获得了2013年的搞笑诺贝尔概率奖。”

站一会儿再卧下，卧一会儿再站起来，你不好奇它们之间的联系吗？
站着和卧着之间还存在**联系**？

PAI老师小课堂

用统计图判断相关性

以英国苏格兰农业大学的贝尔特·图坎普博士为首的研究小组猜测：牛站立的时间越长，卧下的可能性就越大；卧着的时间越长，站起来的可能性就越大。

为了验证这个想法是否正确，他们在 73 头牛的腿上安装传感器并进行了 16 天的观测，详细记录了牛在卧下前站立的时间，以及牛在站起前卧着的时间。

这项研究是为了搞清楚牛的行为规律。
牛想站着就站着，想卧下就卧下，这算什么研究！

首先，让我们观察一下统计图，看看牛的站立时间与卧下的可能性之间的关系。

下图的横轴表示牛的站立时间，纵轴是根据记录计算出的牛卧下的可能性，也就是概率。

如果用点来表示数据，
当数据足够多时，
点就连成了线。

图中的线几乎是**水平**的，这意味着，随着站立时间的增加，牛卧下的可能性没有发生多大变化。换句话说，牛卧下的可能性和站立的时间之间**没有关系。**

牛卧下的可能性
0.4
0.3
0.2
0.1
0
1
2
3
4
牛的站立时间（小时）
横轴和纵轴之间
没关系呀。

我们再来观察另一张统计图，看看牛的躺卧时间与站起来的可能性之间的关系。

下图的横轴代表牛的躺卧时间，纵轴是根据记录计算出的牛站起来的可能性。

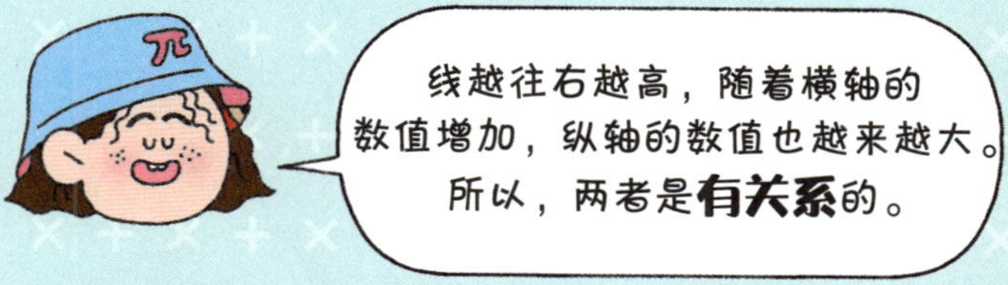
线越往右越高，随着横轴的数值增加，纵轴的数值也越来越大。所以，两者是**有关系**的。

随着躺卧时间的增加，1 小时，2 小时……表示数据的点连成了一条自左至右向上倾斜的线。这意味着

牛卧着的时间越长，

其站起来的可能性就越大。

这次有关系啦！
每多卧 1 小时，
牛站起来的可能性
约增加 0.2。

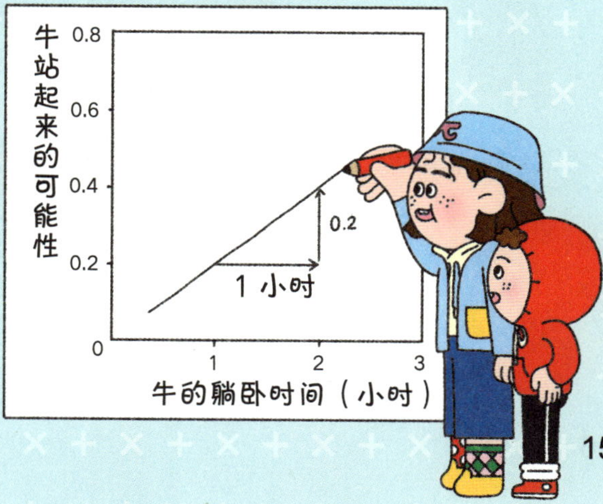
牛站起来的可能性
0.8
0.6
0.4
0.2
0
1
2
3
牛的躺卧时间（小时）
0.2
1 小时

最后，图坎普博士的研究小组得出了结论：牛卧下的可能性与其站立的时间无关，但是其躺卧时间越长，站起来的可能性就越大。这是因为牛一般卧着反刍，反刍后可能会想站起来。

你在干什么？
我也想反刍一下，好和牛拉近点关系。

3

最喜欢亲吻的国家是？

我刚到 PAI 老师家门口，一只掺杂着少许褐色毛的白色小狗就摇着尾巴冲了过来，开心地围着我转圈。

老师，您家里怎么会有一只小狗啊？
是别人托我照顾几天的。

我一抱起小狗，它就迫不及待地用舌头舔我的脸。

“老师，它还亲我呢！”

“初次见面就这样，看来它很喜欢你呀。”PAI 老师看见小狗有朋友了，欣慰地说。

这时，小狗的“亲吻礼”突然让我想起了一个问题。

老师，人们为什么要亲吻呢？
自然是为了表达爱意啊。一般来说，亲吻越频繁，关系越稳定。

有多项与亲吻相关的研究获得了搞笑诺贝尔奖。比如 2015 年，日本专家木保肇和斯洛伐克的一个研究团队，就因研究过敏与亲吻的关系而共同获得了搞笑诺贝尔医学奖。

我对 90 个人进行调查后，发现接吻可以减轻过敏反应。
虽然过敏症状减轻了，但嘴唇有些发麻。
接吻一个小时后，在女性的唾液中仍能检测出男性的 DNA。这可以作为性暴力犯罪的证据。
不敢轻举妄动了。

“2020 年，还有一个团队因为研究接吻而获得了搞笑诺贝尔经济学奖呢！”

一听到“经济学”，我瞬间萌生了强烈的好奇心。

“接吻跟经济有什么关系啊？”

“心理学家沃特金斯曾带领团队研究了国民收入差距和接吻次数之间是否存在关系，也就是贫富差距是否对接吻次数有影响。”

“那么，**接吻**跟**经济**有**关系**吗？”

我现在就来揭晓答案！
基尼系数是衡量居民收入差距的指标，数值在 0~1 之间。基尼系数越大，意味着贫富差距越大。若数值在 0.3 以下，则表示收入分配比较平均。

PAI老师小课堂

用散点标注数据

沃特金斯的团队调查了 13 个国家的国民健康状况、国内生产总值和基尼系数，收集了来自这些国家的 3109 名志愿者的接吻数据，并让他们用 1~100 之间的数字给自己的接吻频率打分。其调查结果如下表。

国家	国民生产总值（美元）	基尼系数	接吻频率
捷克	35200	0.25	74.82
德国	50200	0.27	74.19
法国	43600	0.292	70.75
澳大利亚	49900	0.303	75.88
波兰	29300	0.308	77.84
意大利	38000	0.319	74.31
英国	43600	0.324	80.73
印度	7200	0.352	72.02
美国	59500	0.45	81.11
尼日利亚	5900	0.488	78.08
巴西	15500	0.497	80.29
智利	24600	0.505	81.19
哥伦比亚	14500	0.535	79.27

在“接吻频率”一栏，数值越低，表示接吻频率越低。

只看这张表，我根本看不出数据之间的关系……

想知道它们之间的关系，就将数据用点表示出来吧。

先画两条互相垂直的射线，作为横轴和纵轴。如果想确认国民生产总值和接吻频率的相关性，那么可以用横轴表示国民生产总值，用纵轴表示接吻频率，通过这两个量的数值来确认点在图形中的位置。

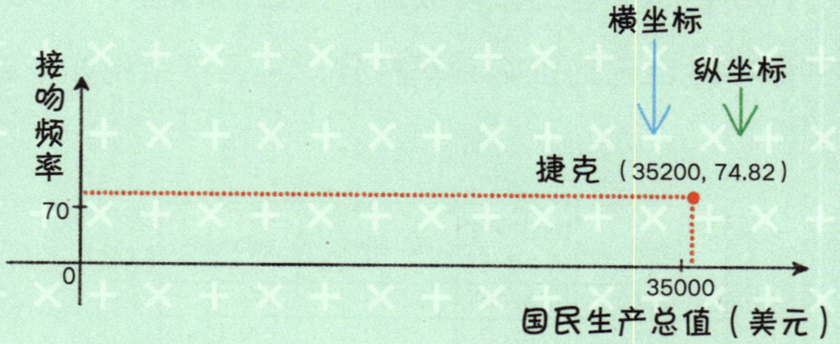

如果想确认基尼系数和接吻频率的相关性，那么我们可以用横轴表示基尼系数，用纵轴表示接吻频率。

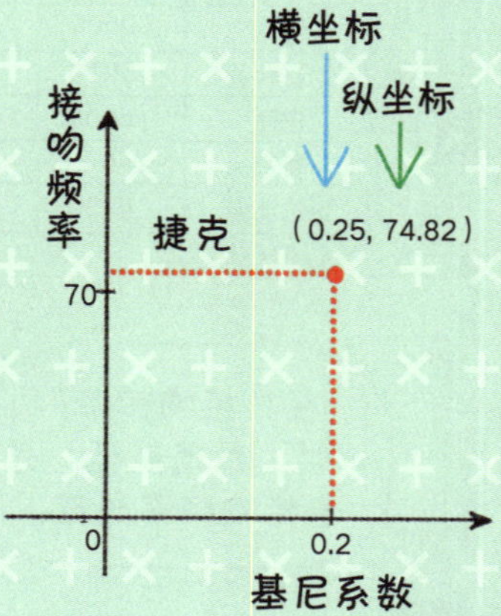

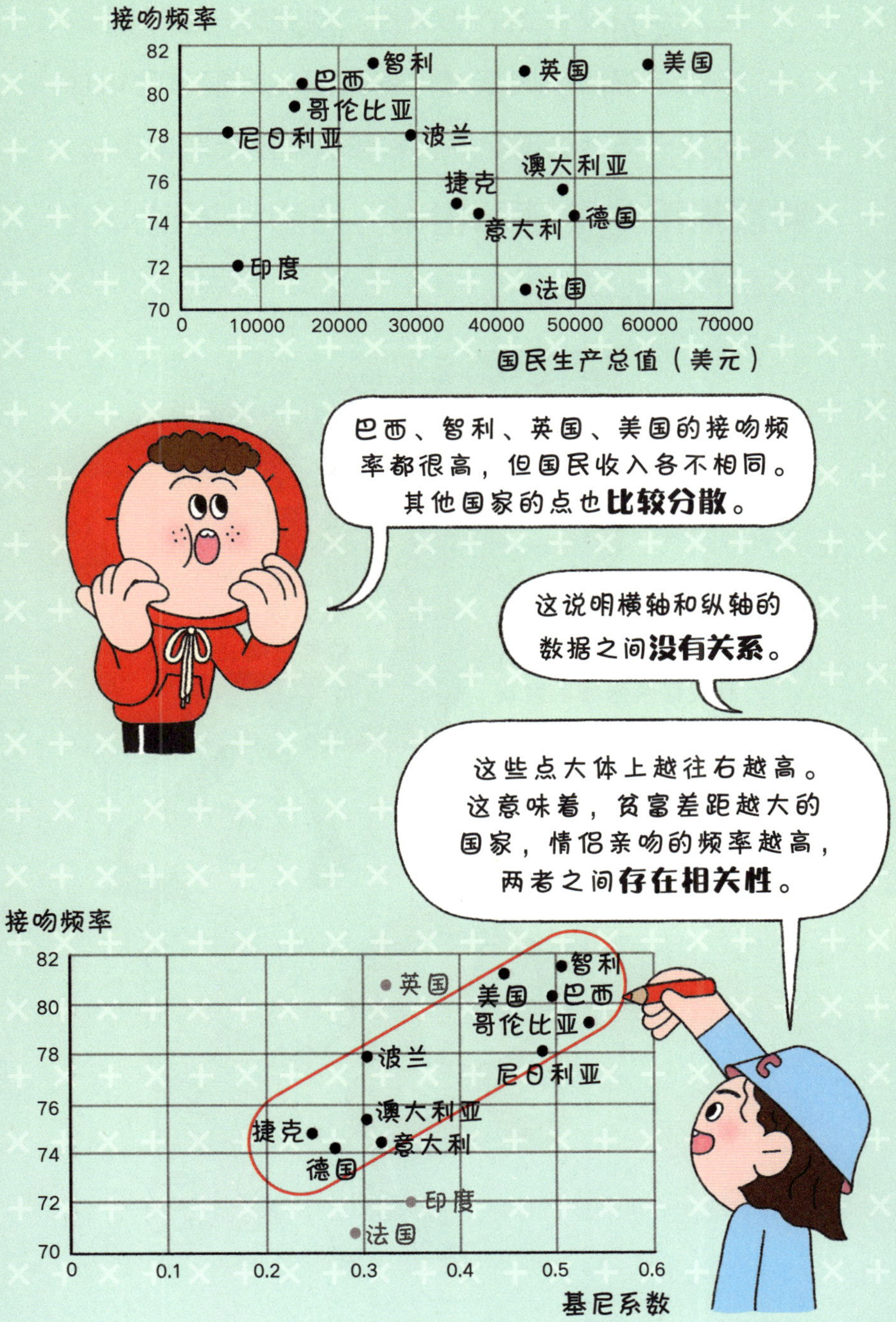
接吻频率
82
80
78
76
74
72
70
0
10000
20000
30000
40000
50000
60000
70000
国民生产总值（美元）
智利
巴西
哥伦比亚
尼日利亚
波兰
英国
美国
澳大利亚
捷克
意大利
德国
印度
法国
巴西、智利、英国、美国的接吻频率都很高，但国民收入各不相同。其他国家的点也**比较分散**。
这说明横轴和纵轴的数据之间**没有关系**。
这些点大体上越往右越高。这意味着，贫富差距越大的国家，情侣亲吻的频率越高，两者之间**存在相关性**。
接吻频率
82
80
78
76
74
72
70
0
0.1
0.2
0.3
0.4
0.5
0.6
基尼系数
英国
智利
美国
巴西
哥伦比亚
波兰
尼日利亚
澳大利亚
捷克
意大利
德国
印度
法国

用散点呈现数据，相关性立刻变得一目了然！

想要了解两个因素之间的关系，我们就可以像沃特金斯一样，先确定好横轴和纵轴所代表的因素，**将数据用点表示出来**，**然后根据散点的分布判断两者的关系。**

这大晚上的，你要去哪儿？
我观察两张图后发现，英国人不仅经常接吻，国民收入还高，而且贫富差距较小。所以，我决定去英国了！

4

人越老，什么越长？

“妈，我好像变矮了。这条裤子以前很合身，现在穿着有点长了，对吧？”

“应该是上了年纪的缘故，我也感觉你的个子越来越矮了！”

听到妈妈和奶奶的对话，我吓了一跳。随着年龄的增长，人的身高真的会变矮吗？

我心急如焚地跑来找 PAI 老师寻求答案。

“老师，年纪越大，个子就会越矮，这是真的吗？”

“是的，因为地心引力在往下拽我们！”

“我还没长大，就要变矮了，这可怎么办啊？”我有点儿崩溃。

老师却淡定地说：“我的话还没说完呢，人在成长发育期会长高，变老后才会变矮！”

“变老本身就足够让人难过了，一想到身高还要缩水……唉！”

因为我们无法对抗地心引力！

“虽然人上年纪后身高会缩水，但身体上有的部位反而会变大。”

PAI 老师的话让我好奇地竖起了耳朵。

“还有上了年纪后会变大的地方？”

“你猜猜是哪里？”

“嗯……据我观察，爷爷奶奶的眼皮和脸颊好像变大了。”

奶奶的脚没变大，反而变小了。
但是她的眼皮下垂了，这算变大了吧？
爷爷肚子和脸颊上的肉变多了，这也算变大了吧？

“虽然你没有猜对，但你的逻辑也不算错。眼皮和脸颊确实在人上了年纪后会下垂，和身高缩水一样，**也是受到了地心引力的影响。**你也可以理解成这些部位是在朝着地心的方向‘生长’。”

“如果我没有猜对，那还会有哪里变大呢？”

“这就要说到 2017 年的搞笑诺贝尔解剖学奖了。”

竖起耳朵，仔细听吧！
老师，您快讲讲吧！

PAI老师小课堂

地球在拽我的耳朵？

1993 年，一群英国医生聚集在肯特郡进行学术研讨，有人提到了“老年人的耳朵都很大”，医生们就这个问题的看法出现了分歧。

研讨会后，以詹姆斯·西斯科特为核心的四名医生，开始对 206 位年龄在 30 岁以上的患者进行调查研究。他们用透明尺测量患者左耳的大小，并记录下患者年龄，最后汇总、分析实验数据。

老年人的耳朵很大。
也许是你看见的老人恰好耳朵都大。
这样争论下去没有意义，我们还是用研究结果说话吧！

西斯科特研究小组将收集到的数据汇总整理成了一个散点图。他们观察趋势后发现：人超过 30 岁后，耳朵确实会随着年龄的增长而变大，每年大约会长 0.22 毫米。他们甚至总结出了一个根据年龄计算耳朵长度的公式！

在下方的统计图中，横轴表示年龄，纵轴表示耳朵的长度，一条直线直观地呈现出了

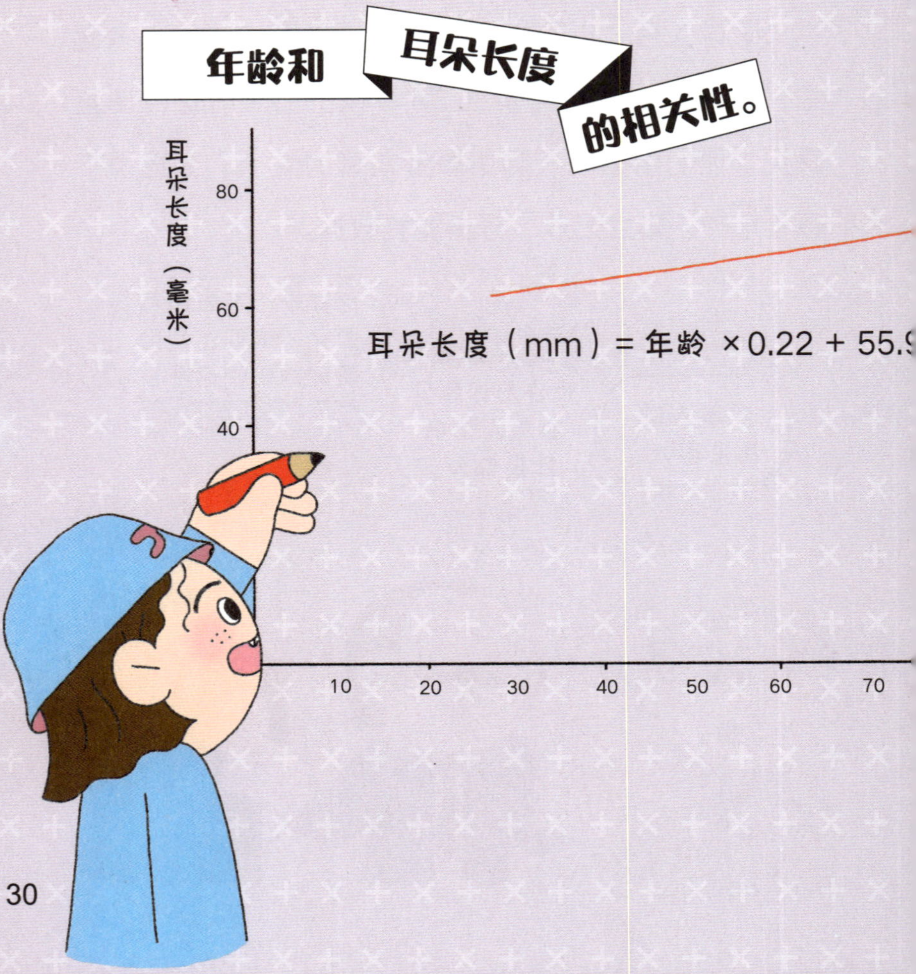

随着年龄增长，耳朵之所以会变长，

是因为受到了地心引力向下的拉拽。

不过好在地心引力没那么强，否则，我们的耳朵绝不会一年只长 0.22 毫米。

随着年龄增长，耳朵会变长，所以折线图越往右越高，对吧？
我们行星的引力太强了。
所以我们的鼻子才会这么长。
年龄（岁）

只要我们生活在地球上，就无法摆脱重力的影响。上了年纪之后，我们的个子会变矮，耳朵会变长，鼻子也会变长，更准确地说，是鼻尖会变长。

我们要趁年少努力长高，因为成年后，我们就只能越变越矮了。

在引力的拉拽下，
朝着地心的方向
不断生长！

那我就利用静电，让自己“长高”吧。
重力确实要比电磁力弱很多。

5

警惕从天而降的椰子

昨天下了一整天的雨，今天总算雨过天晴了。虽然地还是湿的，但我实在闷得慌，不想在家待着。于是，我和 PAI 老师相约到家附近的公园里散步。公园步道上铺着棕色的垫子，走路时完全不用担心水会溅到身上。

“这里铺着垫子，不沾泥也不溅水，真不错。”我说。

你知道这个垫子是用什么做的吗？
稻草？

PAI 老师摇头示意不是稻草，然后给了我很多提示：“它是树上结的果实，这种果实的果汁很好喝，果肉可以用来做曲奇饼干、纸杯蛋糕。除此之外，它的果油也可以食用，还可以用来护肤。”

“难道是椰子？”

“Bingo（答对了）！这个垫子就是用椰子壳做的。”

“哇，果汁、果肉、果壳都有用！椰子真的全身都是宝，让人心生感激。”

“是啊，不过，有时它也很危险。”

“椰子就是一种水果，能有什么危险呢？”

“如果不慎被坠落的椰子击中，那绝对是件非常危险的事。有人对此进行过研究，还获得了 2001 年的搞笑诺贝尔医学奖。”

被击中的话，会不会很疼？
不止疼，还可能致命呢！要我告诉你为什么吗？

PAI老师小课堂

物体坠落的速度有多快？

在巴布亚新几内亚一家省立医院工作的彼得·巴斯医生，发表了一篇关于椰子掉落致人受伤的报告。报告显示，在该医院四年内的创伤入院病例中，有 2.5% 的病患是因被掉落的椰子击中而受伤，甚至有两人死亡。

虽然椰子砸到人的事情不常发生，但一旦发生，后果往往很严重。

你知道椰子有多危险吗？

不仅是椰子，从高处掉下的大部分物体都十分危险，除非它像纸或羽毛一样轻。物体在自由下落时，速度会越来越快，每秒速度约增加 9.8 米 / 秒。为方便计算，我们通常将 9.8 四舍五入为 10。

这是地心引力拉拽的结果。

所以，如果想计算物体的坠落速度，我们直接用**坠落时间与⑩相乘**就可以了。

速度≈10× 时间

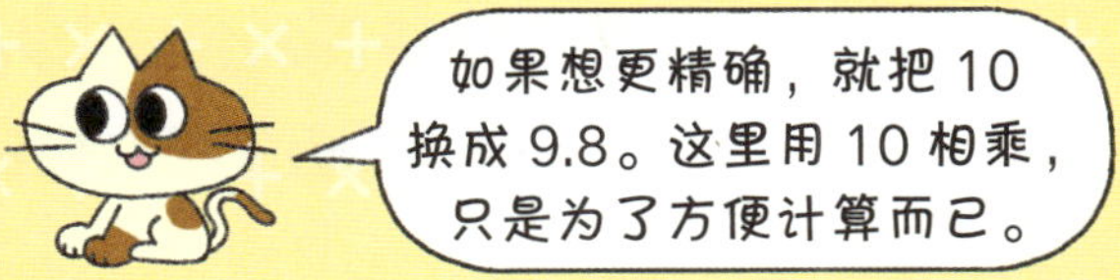
如果想更精确，就把 10 换成 9.8。这里用 10 相乘，只是为了方便计算而已。

速度的单位是米 / 秒（m/s）。如果坠落的椰子只需要 1 秒就能触地，那么它触地时的速度可以粗略用 10×1 计算，即 10 米 / 秒，也就是 36 千米 / 时。

椰子从 20 米的高度落到地面需要 2 秒。那么它触地时的速度就是 10×2 = 20 米 / 秒，也就是 72 千米 / 时。
1 秒 10 米→1 分钟 600 米
→1 小时 36 千米
2 秒
时间

可见，椰子触地时的速度就像疾驰的车一样快。

在计算坠落物体所造成的冲击力时，还要用物体击中人体时的速度乘以物体的质量。

可见，被掉落的椰子击中，绝对是一件非常危险的事！

我还是戴上头盔吧。
这里没有椰子，你不用担心。

6

死掉的蟑螂也有用处？

今天，我又像往常一样来到了 PAI 老师家，一进门就看到老师家的玄关堆满了书。

“老师，这些书您是要丢掉吗？怎么都堆在门口？”

“丢不得，这些可都是我从旧书店里淘来的宝贝。”老师的声音从远处传来，人却不见身影。

我随手翻开一本书，有东西突然从里面掉出来，吓得我大喊了一声。

那是一只被压扁的蟑螂！蟑螂就算死了也还是很恶心！

我正想躲开，PAI老师却跑了过来。他拿着塑料袋和镊子，小心翼翼地把蟑螂的尸体放了进去。

老师，您为什么要把它留下呢？
因为我们家没有蟑螂。

“你听过关于磁感知和抗磁性的研究吧？”

我当然听过，并且记忆犹新呢！狗会顺着地磁场的方向排便，鸽子利用“晶胞”来导航，青蛙能在强磁场中悬浮……这都是帕托老师告诉我的。

“我知道，我知道，有些动物能感知地磁场嘛！但这跟蟑螂有什么关系？”

“很多科学家就是利用两亿多年前就存在的蟑螂，来研究昆虫的磁性的！”

“获得2019年搞笑诺贝尔生物学奖的研究小组就是其中之一。这个由中国、新加坡、美国、澳大利亚等国的科学家组成的团队，研究了蟑螂感知磁场的方式，并且发现死蟑螂和活蟑螂都能被磁化。”

1:39 / 2:02
在颁奖仪式上，研究小组还播放了一段将蟑螂做成的磁吸“冰箱贴”贴在冰箱上的视频。
哇，怎么做到的？这也太神奇了！
好奇的话，就听我讲讲吧！

PAI老师小课堂

用折线图比较蟑螂的磁性

获奖科学家用以下方法研究了蟑螂的磁性。

①准备一些活蟑螂和一些死蟑螂。

②将蟑螂置于强磁场中，使它们接受20分钟的磁化。

③用磁力计测量蟑螂的磁性，观察它们的磁性在10小时内的衰退情况。

蟑螂体内具有一种特殊的细胞，其内部的磁性粒子性质类似指南针。当把蟑螂放在磁场中时，它体内的磁性粒子就会与外部磁场对准，排列整齐，导致蟑螂被磁化。最终的研究结果出乎人们的意料：死蟑螂的磁性比活蟑螂要强得多，而且维持的时间更久！

我细胞内的水分已经流失，磁性粒子移动得慢。所以当外部磁场移除后，磁性衰退得更慢。
我细胞内的水分多，磁性粒子移动得快。所以当外部磁场移除后，磁性消失得更快。

比较两组数据时，绘制折线图能让结果一目了然。

让我们通过折线图，来看看蟑螂的磁性是如何随时间变化的。

在 10 个小时里，死蟑螂身上的磁性逐渐衰退，而活蟑螂身上的磁性不到 1 个小时就消失了。

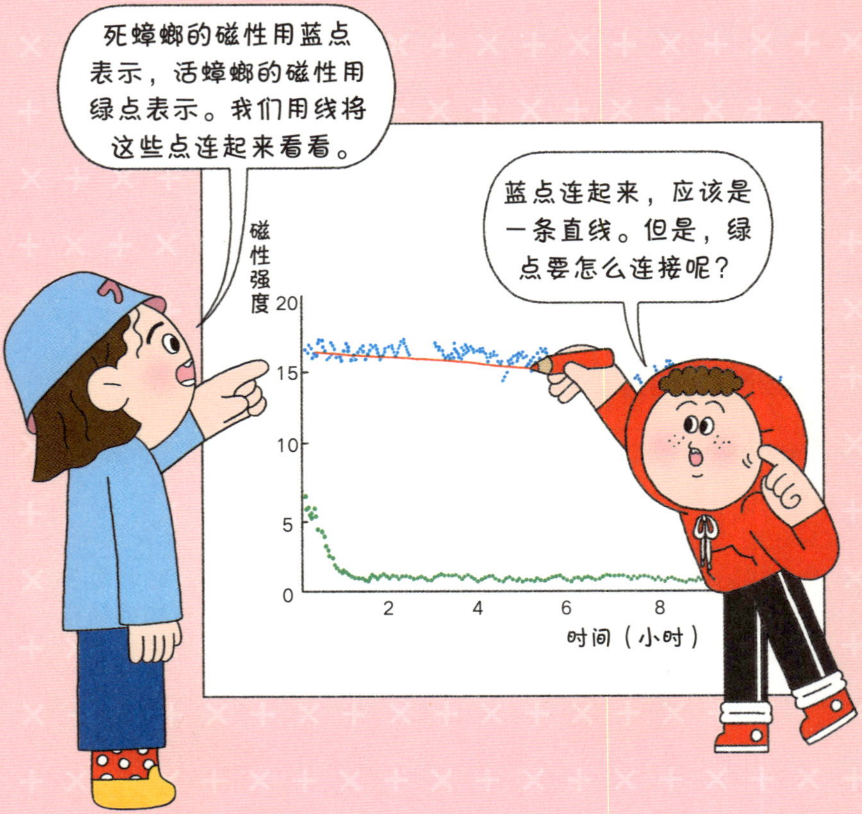

死蟑螂的磁性用蓝点表示，活蟑螂的磁性用绿点表示。我们用线将这些点连起来看看。
蓝点连起来，应该是一条直线。但是，绿点要怎么连接呢？
磁性强度
20
15
10
5
0
2
4
6
8
时间（小时）

活蟑螂的磁性衰退是不均匀的，绿点无法连成直线。遇到这种情况，我们用曲线连接即可。

曲线也可以反映数据的变化趋势。

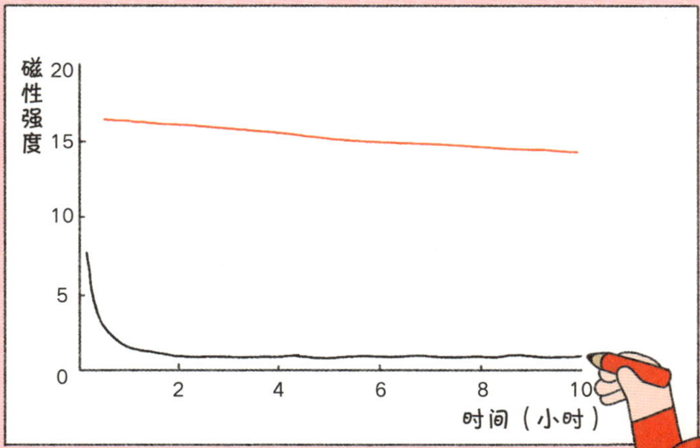

磁性强度
20
15
10
5
0
2
4
6
8
10
时间（小时）

以前我一看到蟑螂，就想赶紧消灭它们。而现在，我首先想到的是折线图。
活蟑螂是曲线，死蟑螂是直线！

在折线图中，相较活蟑螂，死蟑螂的磁性衰退更慢，

研究结论显而易见！

获奖者们在颁奖仪式上发表获奖感言时，向观众席扔出了事先准备的死蟑螂，这让观众们大吃一惊。

这个给我吧，我想把它做成冰箱贴！
它不是永久性的！过两天就会掉下来。

7

好啤酒的标志竟然是泡沫！

我走进便利店，恰好看到PAI老师正一脸喜悦地从冰柜里拿啤酒。

他朝我摆摆手，问我："你要喝什么？"

我想喝与啤酒差不多的饮料，思索片刻后说道："我要碳酸饮料吧。"

碳酸饮料像啤酒一样，也能涌出气泡。

我和 PAI 老师回到他家，把各自的饮料倒进玻璃杯中，准备一起畅饮。这时，我突然注意到啤酒和碳酸饮料的气泡好像不太一样。

“老师，我发现碳酸饮料中只有上升的气泡，而啤酒中还有下降的气泡。”

“在往杯子里倒饮料的过程中，碳酸饮料中的气泡会马上逃逸出去，而啤酒中的气泡却会被上层的泡沫挡住。”PAI 老师解释道。

您的意思是，
气泡被啤酒泡沫
堵住，所以才会
上下移动？

“是的。啤酒泡沫减少后，啤酒内的气体逐渐逃到空气中，我们就看不到那么多上下移动的气泡了。还有人专门研究过啤酒泡沫减少的情况呢……”

就在老师要继续往下说的时候，我打断了他：“啊，您先别说，我要亲自验证一下。”

啤酒**泡沫**果真会随时间的推移而**减少**！

刚开始是 4 厘米厚，10 秒后是 3 厘米，再过 10 秒后是 2 厘米……就这样一直在减少。

我一边测量高度，一边用铅笔记录着，忙得不亦乐乎。一旁的 PAI 老师终于等得不耐烦了。

啤酒泡沫就快没了，能不能让我先喝掉它？我待会把 2002 年搞笑诺贝尔物理学奖的研究结果告诉你还不行吗？
我的碳酸饮料也快没气了吧？

PAI 老师小课堂

啤酒泡沫减少的规律

德国慕尼黑大学的研究员阿德·莱克研究了啤酒泡沫减少的规律。

他用三种类型的啤酒进行了实验，下面我们来详细看一下 A 啤酒的实验结果。

泡沫厚度从最初的14 厘米减少到一半，用了 120 秒。从 7 厘米再减少一半，到 3.5 厘米时，也用了 120 秒。

时间（秒）	厚度（厘米）
0	14.0
15	12.1
30	10.9
45	10.0
60	9.3
75	8.6
90	8.0
105	7.5
120	7.0
150	6.2
180	5.5
210	4.5
240	3.5
300	2.0
360	0.9

莱克发现，

泡沫每减少一半，所需的时间一样。

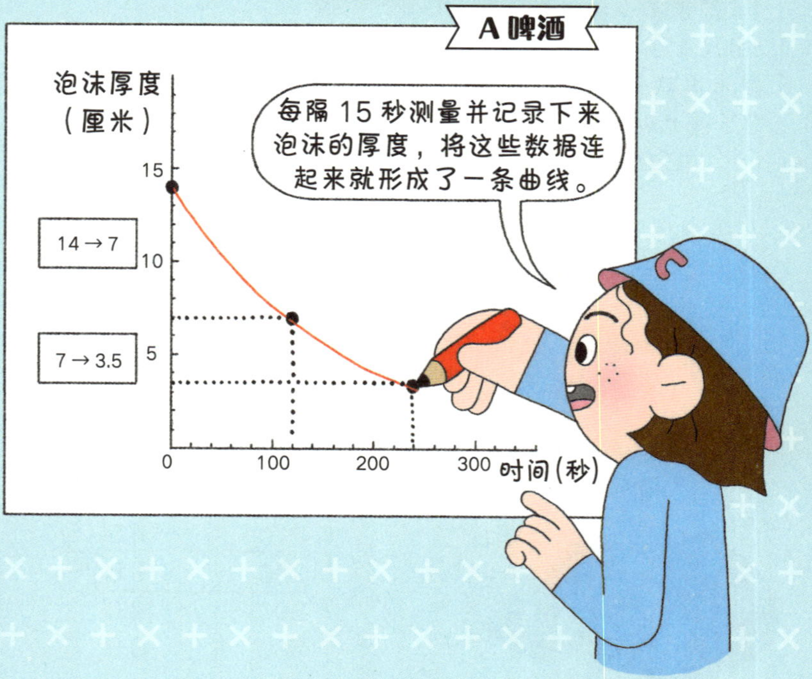

莱克实验中使用的三种啤酒，泡沫每减少一半所需的时间都是恒定的。A 啤酒是 120 秒，B 啤酒是 200 秒，C 啤酒是 90 秒，三种啤酒的

泡沫厚度随着时间的变化呈曲线下降。

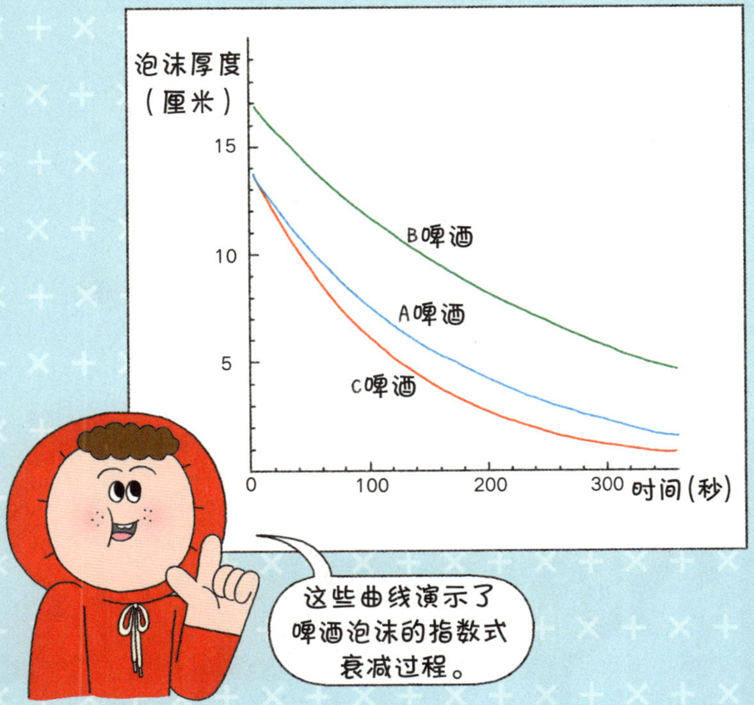

对于啤酒而言，泡沫消散的快慢很重要。

泡沫不但好看，还会影响啤酒的口感。只有泡沫维持的时间足够长，啤酒中的气体才不会快速消散。另外，泡沫能够隔绝空气，减弱空气对啤酒的氧化作用，防止味道发生变化。因此，绵密持久的泡沫是优质啤酒的象征。

我也来制造一些泡沫，让它喝起来更美味……
你认为这样就能让普通的水变成气泡水吗？

8

成年人听不见的铃声

在英国伦敦繁华的商业街区，一些咖啡馆和商店里很少能看见孩子的身影。这是因为那里安装了一个特殊的装置。

它就是由英国人霍华德·斯特普尔顿发明的一种叫“蚊子”（Mosquito）的声音装置——该装置获得了2006年的搞笑诺贝尔和平奖！

这里真安静，我很喜欢。
多亏了“蚊子”。

“这种装置能驱赶‘熊孩子’，好让大人们在这里不受打扰地喝茶！”

“大人们真是太过分了！为了赶孩子走，竟然发明了这种东西！”我义愤填膺地说。

“没必要感到不满。其实，大人们听不到高频声音这一点，也能给孩子带来便利。

哔——
哔——
人随着年龄的增长，会逐渐听不到高频声音。

“斯特普尔顿后来又发明了一种只有青少年听得到的手机铃声，避免了青少年上课用手机被老师发现。”

“这种铃声大人听不见，所以才能成为孩子之间的秘密吧？”

“没错！这种青少年铃声（Teen Buzz）和驱赶熊孩子的“蚊子”一样，都使用了超过17000 赫兹的高频声音。”

“理论上，普通人可以听到 20 ~ 20000 赫兹的声音。但实际生活中，随着年龄的增长，高频率的声音渐渐就听不到了。”

“稍等一下，老师，频率是什么啊？我以前跟帕托老师学过，不过记不起来了。”

“你这么快就忘了啊！”

“老师，您再告诉我一遍。这次我绝不会再忘了。”

讲“**频率**”前，先说说“**振动**”。你知道振动吧？
就像我看到阿英时，身体的颤抖？

PAI老师小课堂

一波又一波

声音是由**振动**产生的。我们一说话，喉咙里的声带就会振动，它的振动带动周围的空气一起振动，声音就这样传了出来。

这就好比往水里扔石头，水波会从石头的落水点一圈圈向外扩散。空气就像水波一样，振动着向远处扩散，最终将振动传到你的耳朵里。

声带振动，发出声音
空气振动
鼓膜振动，被大脑识别

你能听见我说话吗？
我的鼓膜振动了，听见啦。

这种将振动从一个地方传递到另一个地方的运动就是**波动**。

声波就像波浪一样起起伏伏，像水中的波纹一样向远处扩散。从波峰到波谷，再从波谷到下一个波峰，这样循环往复，重复一次所需的时间就是**周期**。以气温为例，地球上的温度每年都随四季更替而呈现周期性的变化。因此，我们可以说气温的波动周期是一年。

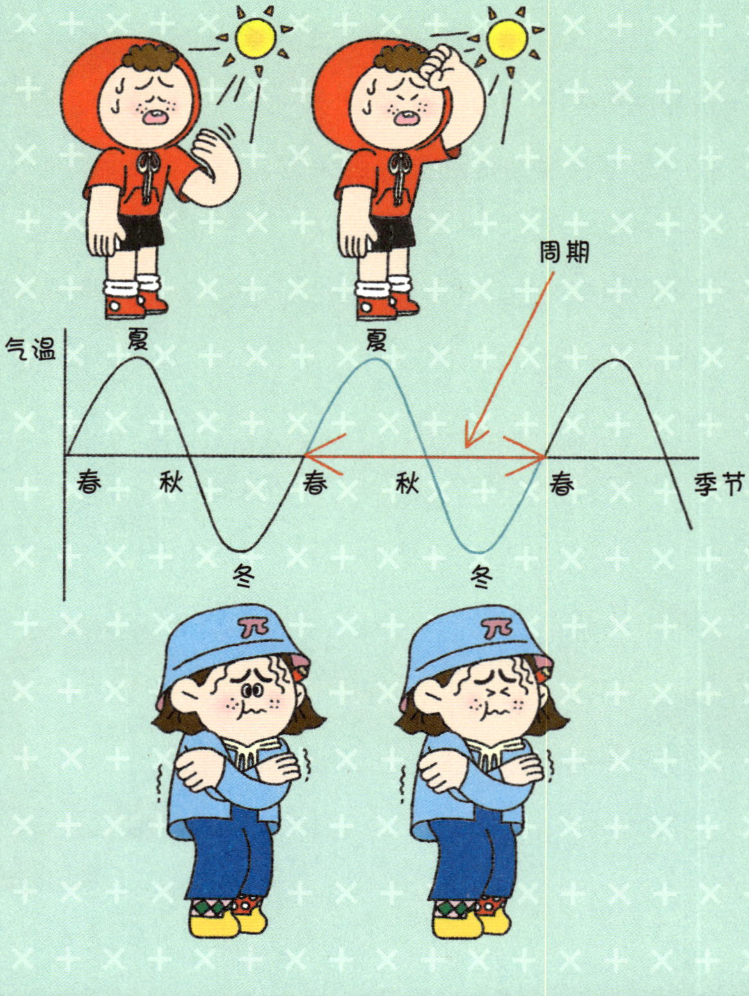

这种**具有周期性的波浪形曲线就是正弦曲线。**

自然界中许多具有周期性的现象都可以用正弦曲线表示，比如太阳的高度、海洋的潮起潮落、每年重复的气温变化，以及声波、电磁波等的传播。

可以描述大多数具有循环往复现象的事物吗？正弦曲线真厉害啊！
正弦曲线的周期就好比摩天轮旋转一周一样，是360度。
0
360
720

而声波的**频率，就是完整波形在每秒重复出现的次数**。每秒出现 1 次，频率就是 1 赫兹；每秒出现 2 次，频率就是 2 赫兹。

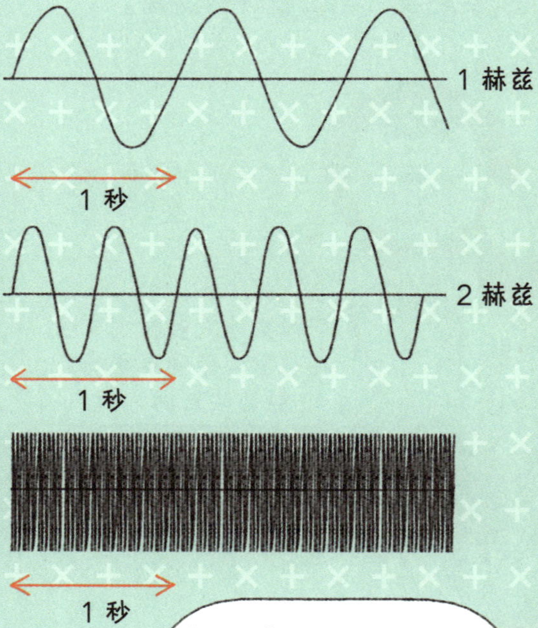

1 赫兹
1 秒
2 赫兹
1 秒
1 秒

“蚊子”装置和青少年铃声的频率是 17000 赫兹，你要数一下吗？
我突然想起了一件周期性的急事……

9

人们为什么讨厌指甲刮黑板的声音？

“老师，有什么好听的声音，或者能让人心情变好的声音吗？”我希望PAI老师给我一些答案。

“婴儿的笑声、雷声、溪谷的流水声……让我想想还有什么……”

对。雷声虽然有点吓人，但是像鼓声一样铿锵有力。
溪谷里的潺潺水声，听一整夜也不会厌烦，真是美妙极了！

“平时咱们聊的都是吃喝拉撒，突然让我列举生活中美好的声音，我这脑子就跟短路了一样。唉！不过，你为什么要问这个问题呢？”

“我今天在学校听到了指甲摩擦黑板的声音，现在想起那个刺耳的声音还头皮发麻呢。所以，我想用一些美好的声音帮我忘掉它。”

“这很正常，没有人喜欢尖锐的物体刮擦黑板或玻璃所发出的声音。

至于为什么这种声音会令人毛骨悚然，

美国的一个研究小组解开了这一谜团，并凭此获得了 2006 年的搞笑诺贝尔声学奖。”

为什么人们讨厌指甲刮擦黑板的声音？
我也想知道。老师，您快告诉我吧！
好，不管遇到什么问题，我们只要知道原理就够了！

PAI老师小课堂

音量的大小由振幅决定

普通人能听到 20 ~ 20000 赫兹的声音，频率在 1000 赫兹左右的声音，会听得格外清楚。而指甲刮擦黑板的声音频率会更高一些，在 2000 ~ 4000 赫兹。

美国的研究小组表示，这种声音和黑猩猩因恐惧而发出的尖叫声非常相似。这也许能够解释为什么指甲刮擦黑板的声音会让人毛骨悚然。

嗷~
有危险，
快躲开。
4000
Hz

尖叫声不仅刺耳，音量也很大，对吧？

音量的大小是由**振幅**决定的。

下面，让我们先来比较一下不同振幅的低音。虽然振动频率相同，但音量小的声音振幅较小，音量大的声音振幅较大。

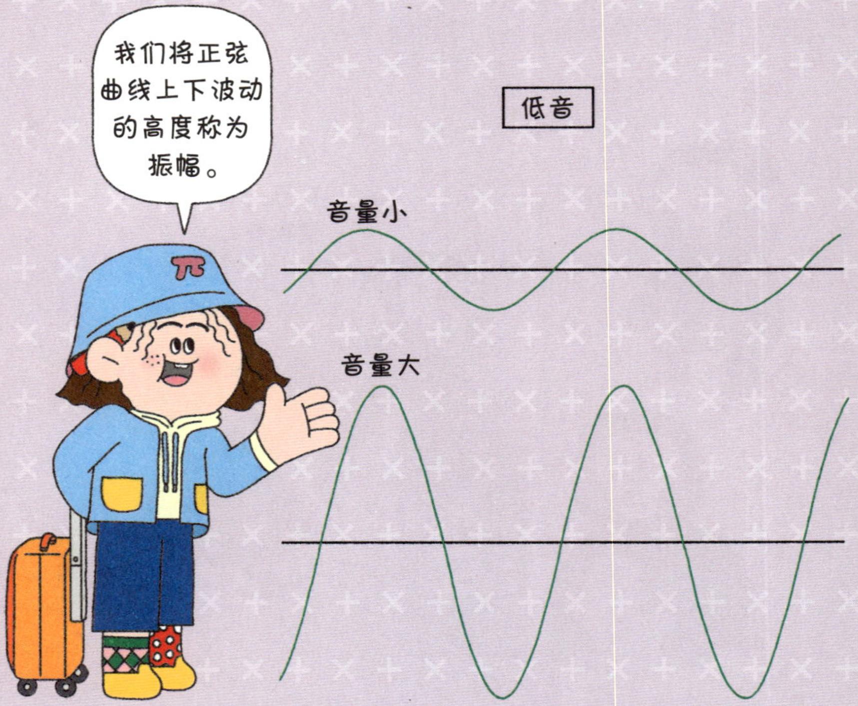
我们将正弦曲线上下波动的高度称为振幅。
低音
音量小
音量大

音量小，振幅就小，
音量大，振幅就大。

我们再来看看不同振幅的高音。高音的振动频率比低音有所增加，不过依旧是音量小的声音振幅较小，音量大的声音振幅较大。

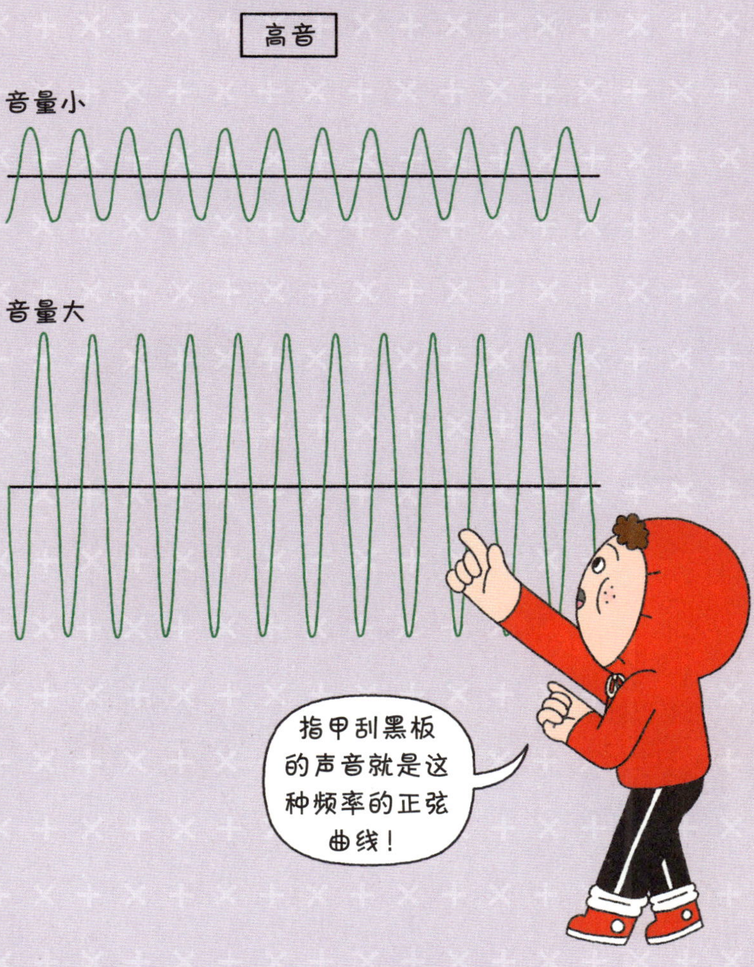
高音
音量小
音量大
指甲刮黑板的声音就是这种频率的正弦曲线！

不小心用指甲刮擦黑板发出的声音，与黑猩猩感到危险后发出的尖叫声振动频率相似，这是一种人耳能够听到的高频声音。从远古遗留下来的生存本能使我们一听到这种声音，神经就会被触动，进而紧张起来。

越是不悦耳的声音，越能引起人的注意。

所以，用这种声音提示危险的到来刚刚好！

这里又没有黑板，你这是干吗？
我要从根本上消除这种刺耳的声音。

10

喵呜~你能听懂猫语吗？

“老师，我把猫一起带来了。”我抱着猫和PAI老师打了招呼。

“你现在和猫‘聊’得来吗？”老师问。

“当然了，它说的话我现在都能听懂。”我骄傲地说。

它心情好的时候，会发出呼噜呼噜的声音；要求开门的时候，会发出低沉的嘟囔声；缠着我和它玩的时候，会发出咕噜声；想引起关注的时候，就会喵呜喵呜地叫！
还有很多时候，他听不懂我的话！

“你刚才说都能听懂，这话有些夸张吧？因为研究猫的叫声而获得搞笑诺贝尔生物学奖的苏珊娜·舒兹，从2010年开始就研究猫语，至今还在继续呢。”

“真的有那么多东西可以研究吗？”

“是啊！猫不仅能发出不同的叫声，而且同一种叫声也可以表达不同的含义。”

什么？咔嚓咔嚓！这是什么奇怪的声音？我该把它分在哪一类呢？

“刚开始，舒兹教授只研究自己养的猫。后来，越来越多的爱猫人士带着他们的猫参与了研究。”

“需要研究那么多猫吗？”

“收集的猫叫声越多，越能准确地了解猫的想法。”

你的猫现在看起来心情很好，它的叫声很特别。
是的。不过，我现在还无法完全听懂它说的话。
舒兹博士通过研究猫语帮助我们与猫更好地沟通，真是太了不起了！

“猫能用‘喵呜’声来表达各种意思，在某种程度上，这和人相似。”老师说。

“没错！我发现很多时候，它们都会喵呜、喵呜地叫。”

那么，研究者怎么区分不同意思的“喵呜”呢？
虽然同样是“喵呜”，但是振动频率和振幅不同，代表的含义就不同。
没错！

PAI老师小课堂

此“喵呜”非彼“喵呜”

猫会用“喵呜”声表达很多想法：肚子饿、悲伤、陪我玩……

舒兹博士录下了猫在家等开饭时发出的“喵呜”声，以及在宠物医院等待看病时的“喵呜”声。两种“喵呜”的不同，任何人都能轻易分辨出来：在家时是愉悦的心情，在宠物医院时则透着不安。

两种“喵呜”不仅声音频率不同，振幅也不同。

你的饭来啦！
喵呜
你很快就会好起来的。
喵呜

等饭时的“喵呜”音域范围很广，从很低的音调升到很高的音调，频率能从 500 赫兹上升到接近 1000 赫兹。

音量从小到大，然后又变小，从下图不难看出，

声音大小的变化表现为振幅的变化。

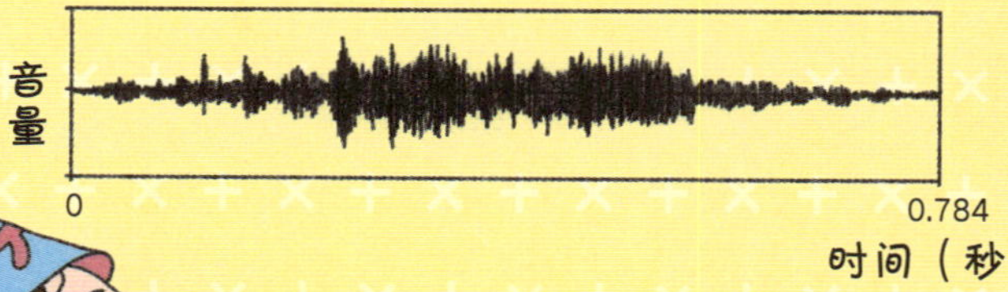

在宠物医院等待时的“喵呜”音域范围较窄，振动频率的变化也只有 100 赫兹左右。

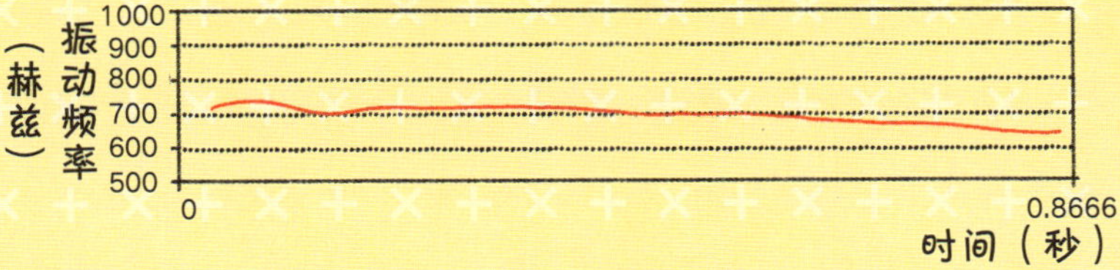

从下图可以看出，一开始的振幅就比较大，说明声音很响亮，后期振幅逐渐变小了一些。但总的来说，音量变化不大。

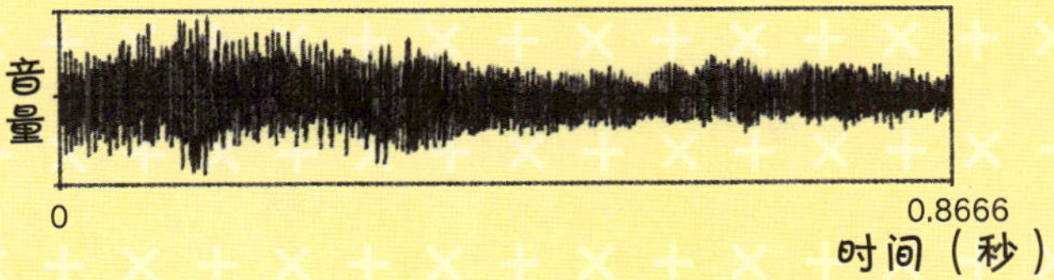

所以，虽然同是“喵呜”，但振动频率和振幅不同，就表示不同的意思。

那么，“喵呜”究竟有多少种含义呢？对此，科学家们还没有给出明确的答案。正因如此，对猫语的研究还有很长的路要走。

振动频率和振幅是研究声音的基础。

真有你的！
我打翻了猫碗，您怎么还夸我？
我是在夸你吗？！考虑下这句话的振动频率和振幅啊！

大家好奇的用语

折线图（第6页）

一种统计图，用于显示数据随时间或其他连续变量的变化情况。横轴通常表示时间，纵轴表示测量值。将不同数据以点的形式标注上去后，连点成线，从而展示出数据的变化趋势。借助折线图，两种事物间的关系就会一目了然。

相关性（第13页）

指两个或多个变量之间存在的关联性，即当一个变量发生变化时，另一个变量也可能随之发生变化。如果速度恒定，行驶时间越长，行驶距离就越长，所以行驶时间和行驶距离有相关性。在数学中，当两个量之间存在关系时，可以用表达式或折线图来表示它们的相关性。

可能性（第13页）

明天下雨的可能性是多少？10%还是30%？通常，可能性用百分比来表示。如果是10%（也可以说成0.1），代表100次中有10次发生的可能。可能性为100%（也就是1）时，就代表100次中有100次发生的可能，意味着事情确定会发生。当可能性为0时，就意味着绝对不会发生。

这些也是数学！

火山丘
（第9页）

火山丘是指位于大火山旁边的小火山。火山丘有多种形态，有些火山丘是圆形的，从远处看就像圆锥台。如果没有陨石坑，其外观就会更接近一个完整的圆锥体。如果熔岩从火山口的一侧流出来，并在冷却固化后形成特定形态，那么随着观察角度不同，看到的火山丘的形态也会有所不同。

DNA 中含有生物的遗传信息，包括肤色、血型、身高等从父母那里继承的遗传特征。理论上，只要有某人的一根头发，我们就能通过 DNA 分析找到这个人。DNA 的遗传信息由腺嘌呤、胸腺嘧啶、鸟嘌呤、胞嘧啶这四种碱基的排列组合所决定。这些排列组合不仅能决定基本的遗传特征，还能够影响一个人的性格。

DNA
（第19页）

重力
（第32页）

你想过在空中飞翔吗？我们之所以飞不起来，是因为地球的重力作用，这种力将我们牢牢地束缚在地面上。如果没有重力，我们就能飘浮在空中了。然而，失重带来的并非全是美好的东西。长期处在无重力环境中，我们的骨骼和肌肉就会变得脆弱无力。另外，失重会对地球的大气层和自然环境产生深远影响，严重威胁生态系统的稳定性。

狗跳蚤和猫跳蚤，谁跳得更高？

人类究竟可以无聊到什么程度？只需要看获得2008年搞笑诺贝尔生物学奖的研究：如果给狗身上的跳蚤和猫身上的跳蚤举办跳高和跳远比赛，谁会得冠军？

法国图卢兹国立兽医学校的研究人员从猫和狗身上分别采集了一批跳蚤，通过两组实验记录了它们的弹跳力：猫身上的跳蚤的平均跳跃长度为19.9厘米，狗身上的跳蚤则为30.4厘米；猫身上的跳蚤的平均跳跃高度为13.2厘米，狗身上的跳蚤则为15.5厘米。最后，研究人员得出结论：狗身上的跳蚤比猫身上的跳蚤跳得更高、更远。

好吧，如今连跳蚤界都存在鄙视链了……

新东方 XDF.CN | 大愚文化 更好的你 更大的世界

什么？还有搞笑诺贝尔？

搞笑诺贝尔奖（Ig Nobel Prizes）创立于1991年，

是对诺贝尔奖的戏谑模仿，

表彰的是那些“乍看令人发笑，之后发人深省”的研究。

本系列精选搞笑诺贝尔50个获奖研究，

每一个都让人惊呼“居然有人研究这个”！

研究过程有多严谨，结论就有多搞笑。

谁会喜欢这套书？

- 觉得课本太无聊的小学生
- 急需让孩子放下手机的家长
- 头顶问号的好奇星人
- “不正经”知识爱好者

为什么指甲刮擦黑板的声音这么讨人厌？

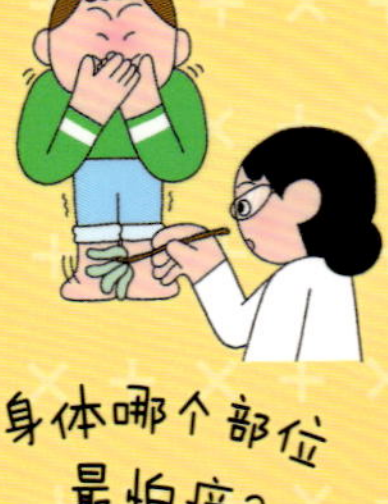

身体哪个部位最怕痒？

用死掉的蟑螂做冰箱贴？

搞笑诺贝尔

数学篇 统计

好奇心工作室 / 著

中国出版集团有限公司
China Publishing Group Co., Ltd.
现代出版社

你喜欢数学吗？

你喜欢数学？那真是太好了！不过还是有很多小朋友一听到数学就郁闷，他们明明很想学好数学，但由于在计算过程中频频出错，就有了“数学好难！”的感觉。所以，我想带领这些小朋友通过搞笑诺贝尔奖重新认识和了解数学，激发他们对数学的兴趣。

获得搞笑诺贝尔数学奖的研究屈指可数。我从搞笑诺贝尔的获奖研究中精选了十项与“统计”相关的研究，它们未必都获得了数学奖，但这些“乍看之下令人发笑，细思之后发人深省”的研究，会让大家笑着笑着就对数学产生好感，读着读着兴许还会下决心成为数学家呢！

接下来，就让我们在 PAI 老师的引导下，一起走进妙趣横生的数学世界吧！

你知道搞笑诺贝尔奖吗？

搞笑诺贝尔奖设立于 1991 年，由科学幽默杂志《不可思议研究年鉴》创办，奖项涉及物理、化学、医学、数学、生物、和平等多个领域，旨在提高人们对科学的关注度，激发人们对科学的兴趣。

获得搞笑诺贝尔奖的研究常常出人意料，有的甚至令人无语。但也正是这些不可思议的科学研究，会让人们发出“原来科学这么有趣啊！”或者“原来科学就藏在我们的生活中啊！”这样的感叹。在搞笑诺贝尔奖的颁奖典礼海报上，罗丹的作品《思想者》从坐着思考变成了躺在地上思考，其目的就在于强调“转变思维”的重要性。

那么，现在就让我们用这本书打破思维定式，开启怪诞离奇的科学视角吧！

目录

搞笑二人组

PAI 老师

PAI 老师的“PAI”既不是蛋黄派，
也不是巧克力派，
而是无限不循环小数——圆周率 π。
这位充满好奇心的数学老师
总是拖着一个小行李箱，
随时准备前往有数学的地方。

我

我们小区公认的“热心肠”，
爱管闲事，
好奇心强，行动力无敌！
但说实话，数学不太开窍。

1

一开车就忍不住骂脏话？

PAI 老师开车带我去书店，路上不知道发生了什么情况，车流突然减速了。

“前面出车祸了吗？”

我正感到不安，突然，从旁边的车里传来刺耳的咒骂声，吓了我一跳。

面对这个口出恶言的车主，PAI 老师却始终笑盈盈的。

“老师，为什么那个人要破口大骂呢？您不生气吗？”

“没什么可生气的。毕竟，比起骂人，微笑更有助于预防交通事故吧？”

“那是当然，人生气时很容易失误。”

“你说得没错。那你知道司机开车时发怒的次数和其发生交通事故的频率之间的关系吗？”

“这我怎么可能知道！”

“西班牙瓦伦西亚大学的弗朗西斯科·阿隆索带领的研究小组，曾研究过路怒症，该研究获得了2018年的搞笑诺贝尔和平奖。研究小组对1100名成年人进行了调查，询问他们**在开车时骂脏话或大吼大叫的频率，**并给出了5种可供选择的答案。”

“你说的没错，相较于单纯地记录人数，**百分数%能更直观地反映不同答案的分布情况。**你能想到这一点，真是难能可贵！”

30%
70%
我们常说的百分之几，是以100为基准的比率，叫百分数，用%这个符号表示。
既然你这么聪明，我就再教教你“如何使百分数变得一目了然”吧。
飘逸~
多亏您之前教了我关于百分数的知识。

PAI老师小课堂

醒目的柱形图

对“开车时骂脏话或大吼大叫的频率”这个问题，1100 人做出了各自的选择，每种回答所占的比例如下表所示。

频率	总是	经常	偶尔	很少	从不
百分数	2.2%	5%	26.4%	24.8%	41.6%

别着急，只要把表里的数据呈现在图中，看起来就清晰多了。
嗯，2.2% 小于 5%……这些数字看得我头大！

我们在绘制柱形图时，要像画折线图一样，先确定好横轴和纵轴。在横轴上写下 5 种答案，在纵轴上写下百分数。百分数中最大的数据是 41.6%，所以纵轴的刻度画到 45% 就足够了。

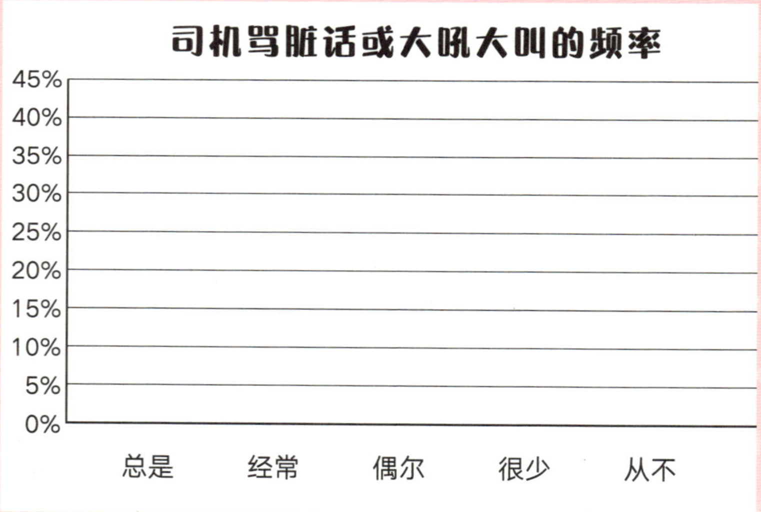

接下来，我们就可以绘制 5 种答案对应的柱形了。柱形的宽度统一即可，高度则分别对应 5 种答案的百分数。很显然，和表格相比，

柱形图能让人更快看懂数据。

用表格做统计的时候，我们需要逐个比较数值，但是使用柱形图，一眼便能得出结论。这是因为我们的大脑能更高效地处理图像信息。

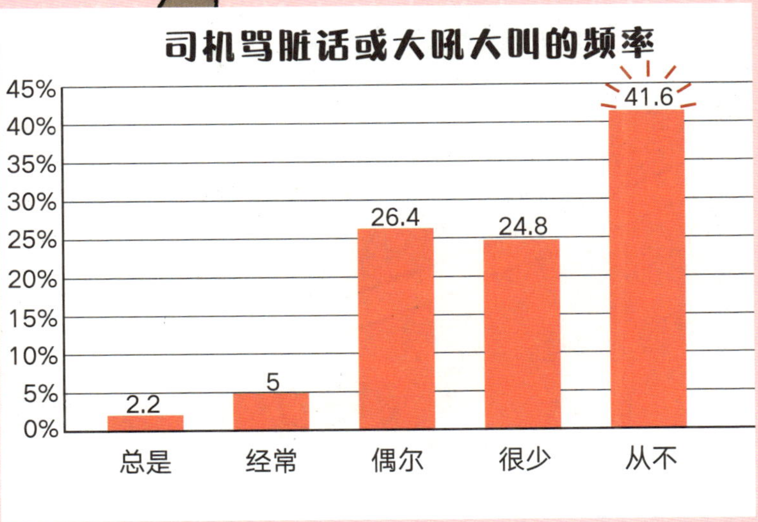

虽然有相当一部分人会在开车时骂脏话或大吼大叫，但是有**66.4% 的人很少或从未这样做。**开车时骂脏话，多半是因为遇上了违反交通规则的行为或交通堵塞，当然也有可能是压力和疲劳造成的。

西班牙的研究小组还发现，患有路怒症的司机发生交通事故的频率相对更高。由此可见，笑着开车绝对是更安全的选择。

我们还是微笑驾驶吧，这样更安全！
TAXI

2

肚脐里的污垢

“这是什么？”我掀开衣服看了看，眼前的景象吓得我身子一颤：我的肚脐里塞满了不知道是污垢还是绒毛的东西！

这件事绝对不能让别人知道！

你这是在炫耀
你的肚皮吗？
哎呀，
您吓我一跳！
呃，
好脏啊！

“不是炫耀，而是我的肚脐里好像有什么东西。”我不好意思地说。

“应该是污垢。你是不是不经常洗澡？”PAI老师指着我的肚脐问。

“怎么会！我可不是不讲卫生的小朋友。”我赶紧反驳。

“是吗？那你就没什么可担心的。洗澡的时候，污垢会被水冲走的。”

“但是，**肚脐里为什么会有污垢呢？**”

“很多人的肚脐里都有污垢。除了你，还有其他人对这一现象感到好奇。在科学家卡尔·克鲁泽尼基主持的广播节目中，有一位听众提出了类似的问题。为了找到答案，克鲁泽尼基在网上做了一系列问卷调查。”

如果你也对肚脐里的污垢感到好奇，那就听我慢慢道来吧。
广播电台

“共有 4799 人参与了该项调查。问卷中包含参与者的年龄、性别、体毛量、肤色、肚脐形态等问题。”

还有肚脐里是否有污垢、有多少、是什么颜色等细节问题。

“他竟然这么认真地研究肚脐里的污垢，这不应该得个搞笑诺贝尔奖吗？”

“当然！他获得了 2002 年的搞笑诺贝尔跨学科研究奖。”

用扇形图来说明这个研究，再合适不过了！
老师，他的研究结果是什么呢？肚脐里有污垢的人多吗？
你干什么？
肚脐

PAI老师小课堂

用扇形图表示百分数

在 4799 名受访者中，有 2790 名男性和 2009 名女性。其中，3169 人称自己肚脐里有污垢，约占总人数的 66%，剩下 34% 的人称自己肚脐里没有污垢。在肚脐里有污垢的 3169 人中，有 2313 名男性和 856 名女性。

我的肚脐里总有污垢。
刮了肚皮上的毛之后，肚脐干净多了。
我的肚脐里总会有蓝色的绒毛。

调查研究往往需要体现各部分与总体之间的关系，

用扇形图表示会更直观。

各部分占总体的比例，

在扇形图中一目了然！

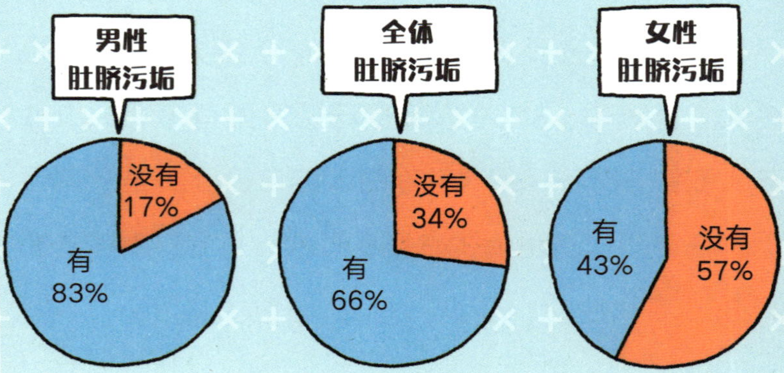

为什么男性中肚脐有污垢的人较多呢？

我们或许可以从奥地利维也纳工业大学格奥尔格·施泰因豪泽的研究中推测出原因。施泰因豪泽花了三年时间，收集了自己肚脐周围的 503 份绒毛。

他对这些绒毛进行了分析，并找到了**肚脐里绒毛**的来源。

克鲁泽尼基
男性腹部毛发多，更容易积聚污垢。
我对肚脐中的绒毛进行了化学分析，其中主要包含衣服毛球、汗水、角质等。
施泰因豪泽
啊哈！

肚脐是脐带脱落后留下的疤痕。凡是哺乳动物，都有肚脐。

猫和鲸也有肚脐，它们的肚脐中也有污垢吗？相比雌性动物，雄性动物的肚脐是不是也更容易“藏污纳垢”呢？

肚脐
我要研究一下，鲸的肚脐里是否也有污垢。
它就算有，也早被水冲走了吧？

3
把袜子套在鞋子外面？

昨晚下了一夜的雪，今天天气放晴，正适合去后山玩“滑坡”游戏。

打定主意之后，我裹紧衣服，冒着严寒先去了 PAI 老师家。

我想借双袜子穿穿。
没想到你还眼馋我的袜子啊。

“我想去后山玩‘滑坡’游戏，但是上山的时候太滑了。”被老师逮到后，我只能一五一十地说出自己“偷”袜子的原因。

“所以，你想在鞋子外面套上我的袜子，对吗？”老师问。

“是的老师，我是从帕托老师那里学到的。只要把袜子套在鞋外边，就不会那么滑了。”

多亏我穿了袜子，现在没那么滑了。
呃，这也太滑了吧！
达尼丁市下坡实验

“没错，的确有人在新西兰做过这样的研究。不过为什么你不用自己的袜子，却要跑来‘偷’我的呢？”

“因为我的袜子有点小，套不到鞋子上。”

“如果你还能记起新西兰达尼丁市的那个下坡实验，我就把袜子借给你。”

听老师这样说，我立即努力回忆起来。

“实验过程就是把志愿者分成两组，一组将袜子套在鞋外面下坡，另一组不套袜子下坡。”

“没错，那么结果是怎样的呢？”

“实验表明：将袜子套在鞋外面的一组，更不容易滑倒。”

全对！
看来我得借你一箱
袜子才行！
老师，我说
得对吗？

“那你知道为什么把袜子套在鞋外面，就不容易滑倒了吗？”

“我如果连这个都不知道的话，怎么敢来借老师的袜子呢？是因为给鞋子套上袜子后，**摩擦力变大了。**”

“你还记得摩擦力，真不错！不过，如果你想告诉别人更多实验细节，还应该补充上数据：将袜子套在鞋子外面的‘滑度’是 1.6 分，不套袜子的‘滑度’是 2.9 分。”

老师，1.6 和 2.9 是什么？摩擦力的暗号吗？
哈哈！不是暗号，是平均值。这次我给你讲讲关于平均值的知识吧！

PAI老师小课堂

数据的代表——平均值

新西兰奥塔哥大学的研究小组将 30 名志愿者平均分成两组，一组在鞋外面套上袜子，另一组不套袜子，然后让两组人分别在结冰的斜坡上行走，并让他们用数字表示出自身感觉到的打滑程度。

不太滑	1
有点滑	2
一般滑	3
非常滑	4
奇滑无比	5

我觉得不怎么滑，1 分。
我感觉有点滑，2 分。
哎哟……好滑呀！4 分。
我觉得略滑，2 分。
1
2
4
2

但是实验结果中，将袜子套在鞋子外面的一组人自评的平均打滑程度不是像 1、2、3 这样的自然数，而是一个小数——1.6。1.6 是这一组人自评出的打滑程度的**平均值**，也就是将 15 个人打出的分全部加起来，除以 15 后所得到的数。

平均值**能反映多个数的平均水平或整体趋势。**

这是不是说，我们班的大部分同学体重都在 35 千克左右？
你们班体重的平均值是：
全班学生的体重之和 / 人数 =35 千克

如果套袜子的 15 人自评出的打滑程度的 **平均值** 是 1.6，就意味着他们中的 **大部分人** 认为打滑程度在 1.6 左右。

而平均值，很可能和这 15 个人所说的数都不同！
1.6 代表了我们组对打滑程度的评价。
平均值 1.6
代表
2.9 代表了我们组对打滑程度的评价。
代表
平均值 2.9
回去套袜子！
平均值 1.6
我说的是 1。
我是 2。
平均值 2.9
我是 4！
我是 2。

研究人员还记录了所有志愿者下坡所需的时间。套袜子的一组人平均用 37.7 秒完成了下坡。

这里的时间也是平均值。
也就是说，将 15 个人的时间全部加起来，
除以 15，得到的值是 37.7。

不套袜子的一组人平均用 39.6 秒完成了下坡，意思是把 15 个人的时间**加在一起**后**除以** 15，得到的值是 39.6。

你要去哪里？我还没讲完呢……
老师，我只是上坡时需要穿袜子，下坡时就是要嗖嗖滑下去呀！

4

企鹅会喷射粪便？

“哇，老师您看，是真的企鹅！”

我竟然和活生生的企鹅近在咫尺，这不是在做梦吧？

我下意识地捏了捏自己的脸。

嗨，你们是阿德利企鹅吗？很高兴见到你们，我是从遥远的亚洲过来看你们的。
知道了，你能安静点吗？我们正孵蛋呢！
哼！

“你知道企鹅和人类有什么相似之处吗？”看着眼前的阿德利企鹅和帽带企鹅，老师问了一个奇怪的问题。

企鹅明明是鸟，怎么会和人相像呢？

“你看那边，企鹅像人一样，也用双脚走路。”老师看我一脸迷惑，解释道。

这样看的话，企鹅虽然摇摇晃晃的，但确实是用双脚走路，这点和人还真有些相似！

宝宝，这次轮到你妈妈去海里捕鱼了。
宝宝，这次我给你多带些食物回来。

“但是企鹅没有肚脐，它们的肚子看起来很平整，这点和我们不像。”我反驳道。

“企鹅是从蛋里孵化出来的，所以没有肚脐。企鹅夫妇会一起孵化企鹅蛋、养育幼仔。”

兴奋之情刚刚有所平复，我就闻到了一股奇怪的味道。“老师，这是什么味道啊？”我皱着眉头、捏着鼻子问。

“哈哈，你才闻到尿臊味啊？”

“企鹅孵蛋的时候，几乎寸步不离巢穴，哪怕是排便也不例外。**它们会将屁股伸出巢外，喷射——粪便。”**

“怪不得味道这么重。”

“德国科学家维克托·梅耶和匈牙利科学家约瑟夫·高尔对企鹅这种有趣的行为进行了研究，并因此获得了2005年的搞笑诺贝尔流体力学奖。”

我们帽带企鹅孵蛋的时候，不会轻易离开巢穴。
屎也在这里拉吧。
噗
企鹅与人类不同，能把粪便射得很远。究竟能射多远呢？我们通过平均值来了解一下吧！
它们在巢穴旁边排便，难道不害怕粪便粘在蛋上吗？

PAI老师小课堂

粪便的喷射距离

梅耶和高尔两人在南极观察了帽带企鹅和阿德利企鹅，拍摄了照片，并根据照片记录了企鹅的身长、肛门结构、粪便的发射顺序、射程远近等信息。

企鹅排便的时候，会将身体挪到巢穴外缘。
太好了，终于拍到企鹅喷射粪便的照片了。
噗

企鹅用石头筑巢。排便时，它们会移动到巢穴外圈的石头上，然后撅起屁股，尽可能地将粪便喷射到远处。

根据多次观察记录的结果，梅耶和高尔发现：身高约 60 厘米、肛门直径约 8 毫米的成年企鹅，在肛门距地约 20 厘米的情况下，最远能将粪便喷射到 40 厘米外的区域。

企鹅之所以能喷射粪便，是因为它们的粪便几乎是液体，黏稠程度和橄榄油差不多！当直肠用力挤压大便时，超级稀的粪便就会“呲”地一下飞出去。这与人类很像：男性膀胱中存储的尿较多时，膀胱中压力大，尿液排出的距离往往会远一些。

需要注意的是，梅耶和高尔两人经过观察得出的 40 厘米的喷射距离，其实是**平均值**。

我们是为了守护蛋
才喷射粪便的，
你是在干吗？
直肠是指从大肠末端
到肛门的部分。
噗

理论上，这样喷射粪便是不会弄脏羽毛的。但是，由于企鹅们都朝着自己的巢穴外喷射粪便，并且它们的巢穴很集中，就难免会“误伤”其他企鹅或被其他企鹅的粪便“误伤”。即使运气好，羽毛上没沾上粪便，企鹅们也无法避免屎味缠身。不过没关系，毕竟，企鹅身上沾的粪便可以在海里清洗掉。更何况，

粪便可以为土地供给氮等养分，

促进植物生长。

你们人类就该跟我们学学！
你最近还在和你的朋友比赛谁尿得远吗？
老师，我们比的是谁憋尿憋得久。

5

流口水大王

我坐在 PAI 老师家的餐桌前看书时，打起了瞌睡，头一下磕到桌子上，把我疼醒了。

醒来后，我感觉脸上湿湿黏黏的，一摸才发现是口水。我怕被老师看见，便迅速擦了擦嘴角，可是口水流得比我想象中要多。

“我不是故意流口水的……”我有点尴尬。

老师微笑着说：“没人会故意流口水，口水都是自己流出来的。”

“真的？但是我的口水流得也太多了吧？”

“那你知道自己一天会分泌多少口水吗？1995 年，日本医生渡部茂与他的同事一起，专门以儿童为对象进行唾液研究，最终弄清楚了**儿童每天分泌多少唾液**，并因此获得了 2019 年的搞笑诺贝尔化学奖。”

听了老师的话，我更好奇了：怎么测量一个儿童每天分泌多少唾液呢？

“在颁奖典礼上，渡部茂亲自指导他的三个儿子展示了实验过程。三人听从父亲指令，将咀嚼过的香蕉吐在了纸杯里。这一举动引得全场观众捧腹大笑。”

流口水说明你做好了进食的准备，因为唾液有助于食物的混合和消化。
咕咚

“他们为什么要把美味的香蕉吐出来呢？”

“为了测定吃香蕉的时候**分泌出的唾液量。**虽然这个测量方法听起来有些随便，但是渡部茂的实验过程很严谨。他对多项可能影响实验结果的变量进行了控制。比如，他比较了儿童在空腹和饱腹情况下的唾液量，还测试了不同食物对唾液量的影响。”

那么，他最终知道儿童每天分泌多少唾液了吗？
当然！接下来，我就给你具体讲讲他的实验过程和他处理数据的方法。
香蕉和烧杯？

用加法和除法求平均值

渡部茂招募了 30 名 5 岁的孩子，男女各占一半。

首先，他测定了这些孩子不吃东西时分泌的唾液量，得出的结果是：每人每分钟分泌 0.26 毫升。该值为 30 个孩子的平均值。之后，他又测定了这些孩子吃东西时分泌的唾液量，这一过程相对复杂。

进食时分泌的唾液量的测量方法

① 给食物称重。

② 将咀嚼过的食物随口水一起吐出，并称重。

③ 用前两步的质量相减，就可以得到唾液的质量。

$$\begin{array}{r} 28.0 \\ -\ 22.4 \\ \hline 5.6 \end{array}$$

④ 同时记录咀嚼的时间。

渡部茂用包括香蕉在内的 6 种食物进行了实验，测定孩子们在吃不同食物时，每分钟分泌的**唾液量，**然后进行**计算。**

这里的唾液量，
是 30 名孩子的
平均值。

好吃！

曲奇：每分钟
4.7 毫升唾液

酸酸甜甜。

泡菜：每分钟
4.0 毫升唾液

香肠最好吃啦！

香肠：每分钟
3.9 毫升唾液

土豆要趁热吃。

土豆：每分钟
3.5 毫升唾液

苹果最棒啦！

苹果：每分钟
3.4 毫升唾液

口水流得少了！

米饭：每分钟
2.4 毫升唾液

因为无法将所有的食物都测量一遍，所以渡部茂只选择了具有代表性的食物。

这 6 种食物对应的数据的平均值约为 3.7 毫升。3.7 就是**所有数据相加**后，**除以** 6 所得的**值**。

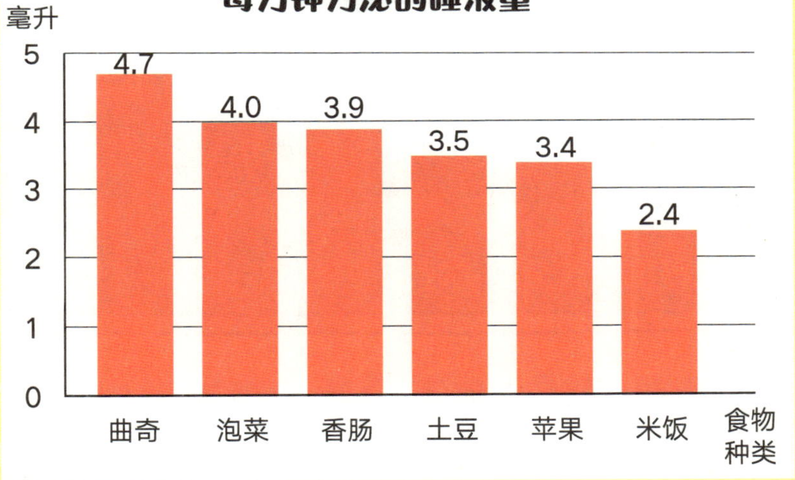

每分钟分泌的唾液量

现在，所有的数据都整理完了。

吃东西时，每分钟平均分泌 3.7 毫升的唾液；不吃东西时，每分钟平均分泌 0.26 毫升的唾液。

30 名孩子每天进食的平均时长为 80.8 分钟，清醒状态下不进食的平均时长为 820 分钟。现在，我们可以**计算**他们一天分泌的唾液总量了。

吃东西时分泌的唾液量为：
3.7 毫升 ×80.8 分钟 =298.96 毫升
清醒状态下不吃东西时分泌的唾液量为：
0.26 毫升 ×820 分钟 =213.2 毫升
现在，将两者相加！
得出一天分泌的唾液总量为 512.16 毫升。

这与成年人每天分泌的唾液量相近。

没有，我……
老师，您的口水一定都流到枕头上了吧？

6

哥斯拉踩到香蕉皮也会滑倒？

PAI老师家有一个小院，我在他家吃西瓜时，总会隔着窗子把西瓜皮扔到小院里。

今天吃完香蕉，我习惯性地将香蕉皮也扔了出去。

香蕉皮腐烂后会
变成肥料的。
哎哟！
哐当

什么声音？
呃，这个嘛……

原来是阿英，她踩到香蕉皮滑倒了。
哎呀，我原本是想让它变成肥料的……

“香蕉皮很滑，这的确是事实，但并不绝对。日本北里大学医疗卫生学部马渕清资教授的研究小组，对香蕉皮什么情况下最滑、有多滑进行了研究，并因此获得了2014年的搞笑诺贝尔物理学奖。”老师正说着，阿英拿着香蕉皮走了进来。

这个香蕉皮是不是你扔的?!
我上次踩到香蕉皮的时候，明明不是很滑啊……
阿英竟然在无意间成了实验的参与者。

PAI 老师又接着说道：“马渕清资教授出席了搞笑诺贝尔奖的颁奖典礼，还展示了一张哥斯拉踩到香蕉皮滑倒的图片。”

如果香蕉皮足够大，即使是哥斯拉踩到也会滑倒。
搞笑
诺贝尔
那就听我详细地跟你们讲讲这项研究吧！
老师，您不是说香蕉皮也有不滑的时候吗？

PAI老师小课堂

香蕉皮的摩擦系数

马渕清资的研究小组准备了 12 根香蕉，对每个香蕉皮都进行了 5 次踩踏试验，共得到 60 组数据。研究小组首先让受试者像平时一样正常走路，测量了他们用正常步速行走在正常路面上的摩擦系数，之后又分别测量了他们踩到正放和反放的香蕉皮时的摩擦系数，最后比较这三种情况哪种更滑。

来，大家走路小心点。我来测一下摩擦系数。

研究人员首先将香蕉皮外侧朝上放在地上，计算出踩踏所得的 30 个摩擦系数的平均值。而后，他们又将香蕉皮内侧朝上放在地上，计算出踩踏得到的 30 个摩擦系数的平均值。

下面的柱形图显示了平均值。
摩擦系数
光滑程度的测定结果
0.500
0.400
0.300
0.200
0.100
0.000
0.066
0.123
0.412
实验方法
反映物体表面粗糙程度的数称为“摩擦系数”。数越小，表面越光滑。
原来，香蕉皮两面的摩擦系数不一样啊！

香蕉皮内侧表层有大量的泡状细胞，其中充斥着多糖黏液。当香蕉皮内侧朝下受到踩踏后，泡状细胞就会破裂，导致黏液流出，正是这些黏液使香蕉皮与地面间的摩擦系数变小了。

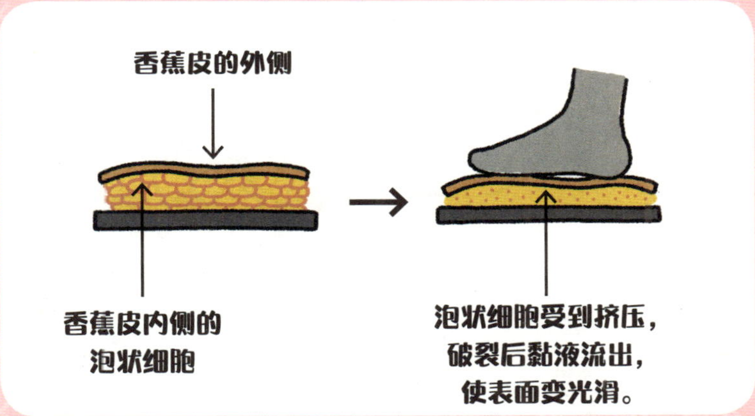

香蕉皮的外侧
香蕉皮内侧的泡状细胞
泡状细胞受到挤压，破裂后黏液流出，使表面变光滑。

踩在内侧朝下的香蕉皮上，效果就像滑雪一样。
怎么样？很滑吧？

滑雪板和雪地之间的摩擦系数在 0.01~0.3 之间。

如果恰好踩到内侧朝下的香蕉皮，
我们感受到的光滑程度应该和
在雪地上滑雪差不多。

好了，我们还是边吃香蕉边玩吧！
踩着香蕉皮滑雪？
你给我站住！
我只是想让你体验一下滑雪的感觉。

7

便秘的士兵

我参加了学校组织的研学旅行。

虽然和朋友们一起旅行很有趣，但可能是换了地方的缘故，我连续三天没大便，肚子都鼓了起来。

终于拉出来了，这下清爽了。
的确，对人来说，排泄和吃东西一样重要。
草莓

“我在家的时候，每天都会大便一次，但一出远门就拉不出来了。”

“换了地方之后，很多人都会排泄不畅，可能是因为紧张吧。有人还专门做过这方面的研究呢。”

“还有人专门研究便秘？”

“是的。以布莱恩·斯威尼为代表的四名研究人员，调查了美国军人的便秘情况，还因此获得了1994年的搞笑诺贝尔生物学奖。”

最近，我大便实在是太费劲了……
这是便秘的表现。
大便频率如何？上厕所费劲吗？

“你换个地方就排便困难，那军人们会不会有同样的困扰呢？斯威尼的研究小组也对这个问题感兴趣，于是对海军陆战队士兵的便秘情况进行了抽样调查。”

“他们亲自观察了士兵们的排便情况吗？”

“当然不是！是通过问卷调查。一共 500 名士兵填写了**调查问卷**，就他们在家、舰艇和野外这三个场所的排便情况做出了回答。不过由于判断便秘的标准不同，收集到的便秘数据也会发生变化。”

我认为判断是不是便秘，最重要的是看他多久排一次便。
我不这样认为。即便他几天排一次便，但如果排便过程很顺畅，也不能被定义为便秘。

“最后调查结果是什么呢？”

“想知道场所和便秘是否相关，以及在哪个场所便秘最严重，**只有整理完这500份问卷，才能得出结论吧？**”

我们整理、比较一下数据，看看场所和便秘是否相关吧！
虽然不知道答案是什么，不过感觉应该很有意思。
500份问卷

PAI老师小课堂

场所和便秘的关系

一个人是不是便秘，需要看他**每隔几天排便一次，即排便周期，或看排便时的症状。**

首先，我们从**周期**来看问卷结果。

若将便秘定义为 3 天以上没有排便，那么，在家庭环境中便秘的人有 3.9%，在舰艇上便秘的人有 6.0%，在野外便秘的人有 30.2%。由于回答这三个问题的人数并不相同，所以通过百分数来比较三个场所的便秘情况更准确。

场所不同，
便秘的比率
也不相同？

根据排便周期整理出的便秘比率（百分数）

分类	家里	舰艇上	野外
3~5 天	3.1	5.2	23.6
6~9 天	0.8	0.8	6.1
≥10 天	0.0	0.0	0.5
合计	3.9	6.0	30.2

接下来，我们再从排便的**症状**来看下问卷结果。

若将便秘定义为出现粪便干结、排便疼痛、排便困难、便血等一个以上的症状，那么有 7.2% 的人在家庭环境中便秘，10.4% 的人在舰艇上便秘，34.1% 的人在野外便秘。

场所不同，便秘的比率依然不同。但是，这次的百分数都比刚刚的高。

依据排便症状整理出的便秘比率（百分数）

分类	家里	舰艇上	野外
粪便干结	1.8	3.6	22.9
排便疼痛	0.6	0.8	5.4
排便困难	1.0	4.0	15.1
便血	5.8	6.0	6.8
有一种以上的症状	7.2	10.4	34.1

调查结果显示，无论是从周期还是从症状来看，士兵们在舰艇上比在家庭环境中便秘更严重，在野外训练时便秘最严重。

所以，便秘和场所的关系密切。

我们用柱形图比较一下吧！

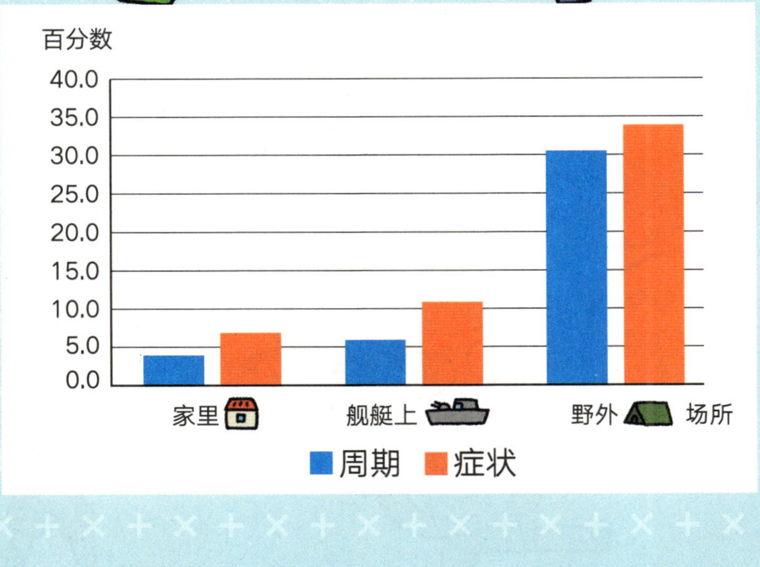

食物从口腔进入身体，其中的营养成分被胃和肠道吸收后，食物残渣随细菌一起排出，形成了粪便。每个生命体都必须保证正常的进食和排泄，以维持生命的运转。

正常排便才能正常生活，
所以排便是一件非常重要的事。

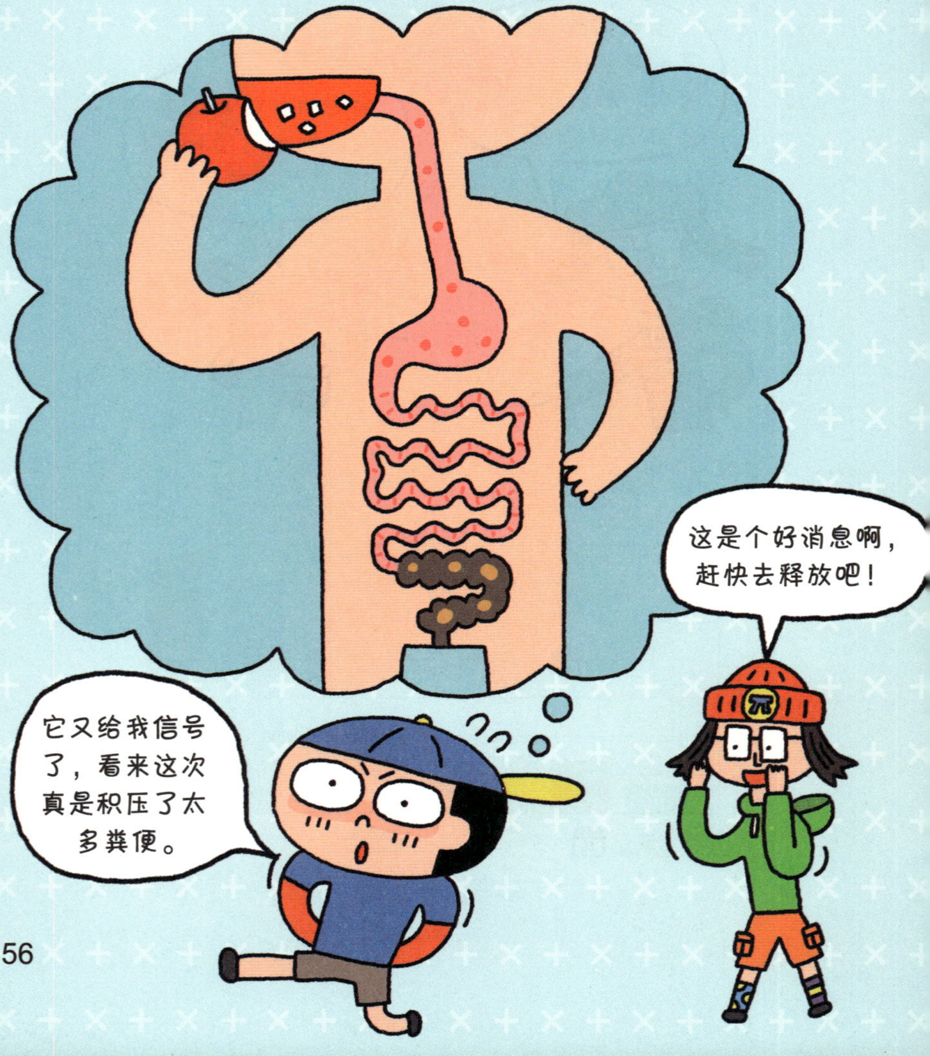
这是个好消息啊，赶快去释放吧！
它又给我信号了，看来这次真是积压了太多粪便。

8
疼痛感和致死量之间有关系吗？

去后山的途中，我看到了一群蚂蚁，我原本就讨厌爬山，这下吓得完全走不动了。

PAI 老师安慰我道："放心吧，就算你被蚂蚁咬到，也不会疼的。"

"可是，以前帕托老师告诉过我，子弹蚁咬人很疼的。"

你忘记了？
帕托老师说过，
我们国家是没有
子弹蚁的！

“因为研究被蚂蚁和蜜蜂叮咬后有多疼而获得搞笑诺贝尔奖的昆虫学家贾斯汀·施密特，不仅发布了叮咬疼痛指数，还公布了不同昆虫毒液的半数致死量。”

半数致死量是指某种毒素使一群动物中的半数死亡所需的最小剂量。
我们收获蚁的毒性很强，半数致死量仅为 0.12 毫克 / 千克。
给两只重 1 千克的老鼠分别注射 0.12 毫克我们的毒液，至少可以使其中一只死亡！
比我们体形更庞大的马塔贝勒蚁的半数致死量为 128 毫克。这足见我们毒性之强吧！
老师，致死量是什么？是导致动物死亡的毒素剂量吗？
施密特公布的是“半数致死量”。不过，你说得很接近了。
发抖

“根据施密特的研究，某些蚂蚁或蜜蜂不仅毒性大，被其叮咬后的痛感也强；还有些蚂蚁或蜜蜂虽然叮咬疼痛指数很高，但毒性很弱。”

对照下面的图表，我发现确实如老师所说：有的昆虫不仅咬人疼而且毒性强，有的咬人疼但毒性弱。

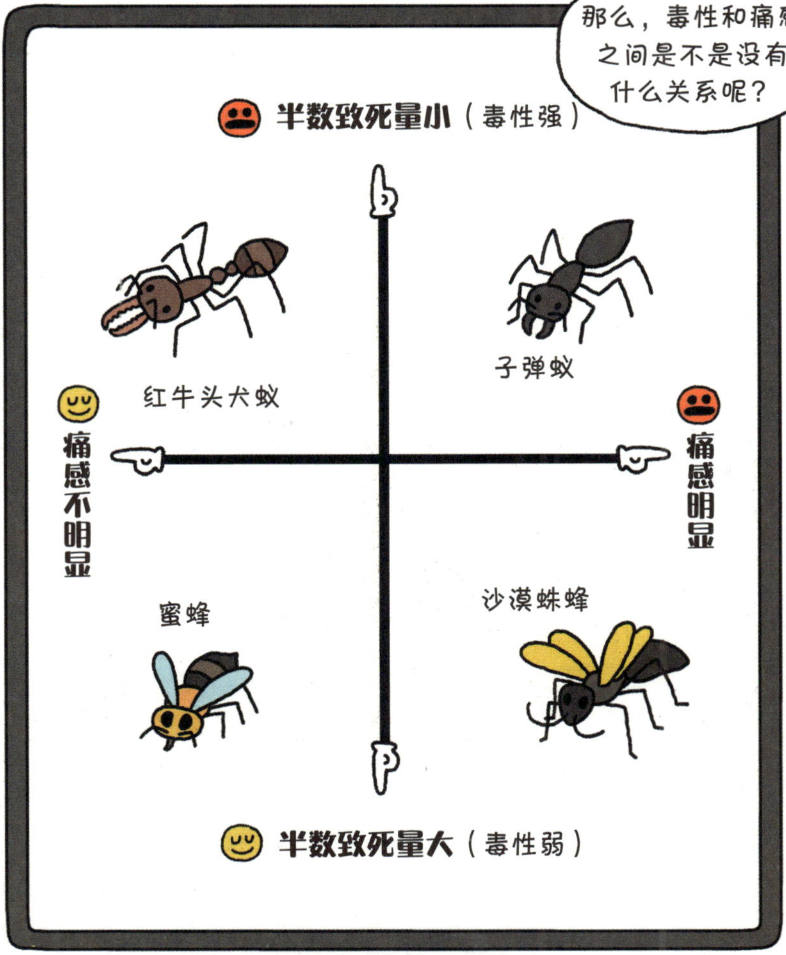

“并非如此。二者之间还是有关系的。”

“老师，您赶快给我讲讲吧，我好避开那些有毒的昆虫。”

“重新整理施密特的研究结果，就能知道毒性和痛感是否具有相关性啦。”

毒性和痛感之间的关系是不是像你说的这样呢？下面我们就一起来看看吧。
莫非叮人越疼的昆虫毒性越强？

用散点图看相关性

施密特公布了不同昆虫的叮咬疼痛指数和半数致死量。根据这两项数据，我们可以了解到某类蚂蚁或蜜蜂的毒性有多强，以及被其叮咬后有多疼。但是只看数据的话，我们很难明白痛感与毒性的关系。

要想知道两者的相关性，

就需要将数据用统计图呈现出来。

昆虫	疼痛指数	半数致死量（mg/kg）
欧洲红火蚁	1	6.1
马塔贝勒蚁	1.5	128
收获蚁	3	0.12
沙漠蛛蜂	4	120

下图中**横轴**表示半数致死量，**纵轴**表示疼痛指数，不同蚂蚁或蜜蜂的数值用**散点**表示。

收获蚁和欧洲红火蚁位于图表左侧，说明它们的半数致死量小；沙漠蛛蜂和马塔贝勒蚁位于右侧，说明其半数致死量大。欧洲红火蚁和马塔贝勒蚁位于图表下方，说明被它们叮咬后的疼痛感弱；收获蚁和沙漠蛛蜂位于图表上方，说明被它们叮咬后的疼痛感强。

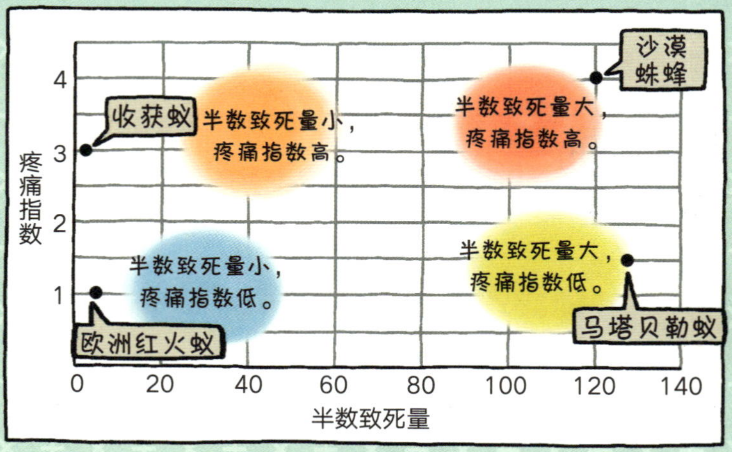

这种图叫**散点图**。由于图中数据非常少，所以无法判断毒性和痛感的关系。在数据充足的情况下，如果散点图中的点都集中在四个角上或零散分布，就意味着横轴和纵轴所表示的变量之间没有关系。

下面的散点图展示了独居蜂的半数致死量和叮咬疼痛指数。

乍一看，蓝线内的点似乎是无规律分布的。但是仔细观察会发现：半数致死量小的，疼痛指数也低；半数致死量大的，疼痛指数也高。也就是说，被毒性强的独居蜂叮咬后痛感较轻，被毒性弱的独居蜂叮咬后痛感较强。尽管不是很明显，但是

独居蜂的毒性和被其叮咬后的痛感之间似乎存在某种关联。

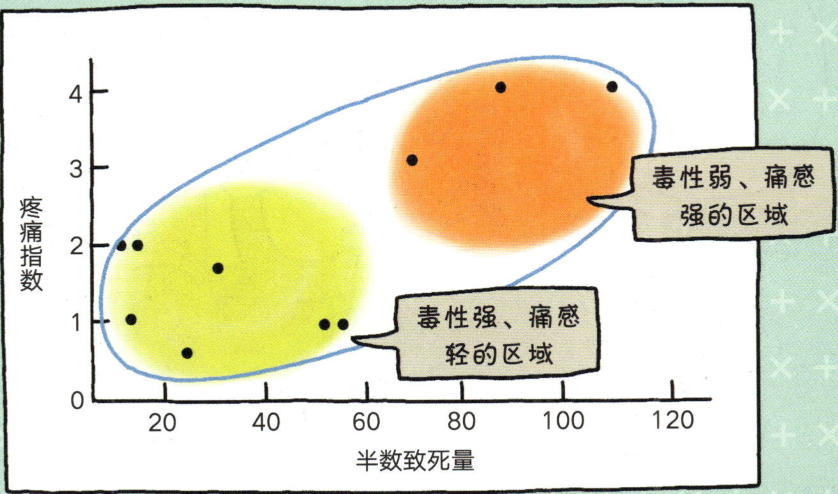

利用散点图呈现数据，

两个变量之间有无关系，以及存在何种关系，

变得更加直观。

我和您还有帕托老师一起度过的时间，跟我的聪明程度之间有相关性吗？
当然有关系！但更确切地说，是存在着因果关系。
看来他还没弄清楚相关性和因果关系的区别呢！

9

用眼睛判断吃了多少食物

PAI 老师做的饭真的很好吃。

虽然他嘴上说自己不善厨艺，但是不管什么菜，他看着网上的菜谱都能顺利做出来。而且，每天的饭菜都不重样！

我上了年纪，新陈代谢慢，所以要少吃一点。
咦，为什么老师的盘子和我的盘子大小不一样呢？

您完全可以拿和我一样的盘子啊，只要少盛一点不就行了吗？
我已经养成习惯了，不太容易改变。
对，所以我换了个小盘子。看到小盘子装满了，我就感觉吃饱了。
您是说您做不到少盛一点？

“只要看到盘子是满的，就感觉吃饱了？”

“没错，这是有科学依据的。美国康奈尔大学的布莱恩·万辛克，研究过人们对饭的视觉感受与饱腹感之间的关系，并因此获得了2007年的搞笑诺贝尔营养学奖。他招募了54名志愿者，让每4人一组坐在一张桌子上喝汤，其中两人用普通碗，另外两人则用吃多少就自动补充多少的‘无底碗’。”

在这20分钟里，大家就敞开吃吧。
他们居然看不出汤是自动补充的！
请告诉我你们认为自己吃了多少。
怎么还没吃完？

“竟然还有吃多少就自动补充多少的汤碗！我也想要！”

“这种‘无底碗’是为了实验特别制作的。你觉得用这种碗喝汤，志愿者们能知道自己吃了多少吗？”

你能**估算**出自己吃了多少吗？
估算？
估算就是估计的意思，它需要一定的依据。

PAI老师小课堂

用眼睛估算不可靠

通常情况下，我们几乎每顿能吃一碗饭。但是，我们如何判断自己吃没吃饱呢？通过饱腹感吗？还是**通过眼睛判断呢？**

答案或许会让你大吃一惊。

我平常就吃这么多饭，这量刚刚好。
今天，你就用这个大碗吃饭吧。
换成大碗后，他是会剩下呢，还是会全部吃完？

万辛克想知道，人们在不清楚自己吃了多少的情况下，视觉提示是否会影响他们的摄入量。于是，他在喝汤实验后让志愿者们估算了各自的摄入量。

用普通碗喝汤的人大部分都吃到见底为止，平均的摄入量约为 **241 克。**当万辛克询问他们吃了多少时，他们普遍认为自己的摄入量在 **233 克**左右。估算的摄入量和实际摄入量**惊人地接近!**

我应该吃了差不多 231 克。
我不太确定，但应该也在 235 克左右。

之后，万辛克又询问了用“无底碗”喝汤的人相同的问题。

这些人普遍认为自己摄入了大约**278 克**的汤，但他们的实际摄入量平均值为**417 克**。估算的摄入量和实际摄入量**相差很大！**

肚子有些饱了，我是不是吃了280 克左右？
嗝～
奇怪，汤好像并没有减少。我觉得自己吃了290 克左右。

万辛克最终得出结论：**人们更倾向于用眼睛，而不是饱腹感，**来判断自己吃了多少。

在碗的外观一致的情况下，万辛克虽然预料到用“无底碗”吃饭的人，会比用普通碗的人吃得更多，但没想到会差这么多。

可见，**在做估算时，眼睛并不可靠！**

汤并没有减少！
我很好奇你长大后是不是还会这么想。
我真希望学校食堂里也能有这种装置。这样，我就能尽情地吃了。

10

人类末日是何时？

“老师，书上说宇宙正在加速膨胀。”

“是的，的确如此。”

我合上书，抬头看向PAI老师，发现他一脸平静。这是多么严重的事情啊，老师竟然表现得泰然自若！

“由于宇宙膨胀，几乎所有星系都在远离地球，我们的星空会越来越暗淡。”我补充道。

如果星系越来越远，它们发出的光将无法到达地球，我们的夜空就会越来越黑。
那太阳会受到影响吗？
宇宙的尽头

“其实，在宇宙加速膨胀导致灾难之前，太阳会先出问题。”老师说。

“什么意思？”

“听过太阳会膨胀到吞没地球的传闻吗？”

“嗯，听过。太阳现在46亿岁，当它内部的氢元素几乎耗尽时，它的体积会急剧增加，变成红巨星。不过，这应该是五十多亿年之后的事情了。”

到那时我们会怎么样呢？
人类历史也就几百万年，与地球寿命比起来不值一提，我们无须为宇宙或太阳膨胀而担忧。
元

“也有一些人预言过地球的末日就在不远的未来。2011 年，搞笑诺贝尔主办方召集了这些‘预言家’，并授予了他们数学奖。”

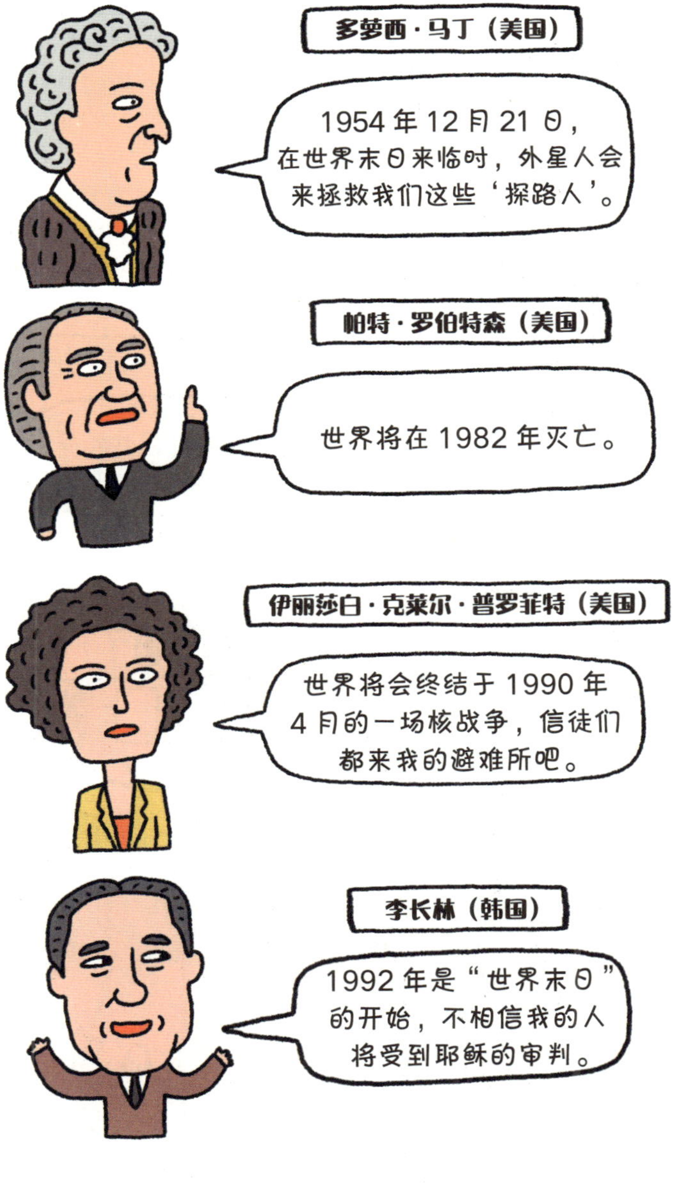
多萝西·马丁（美国）
1954 年 12 月 21 日，在世界末日来临时，外星人会来拯救我们这些‘探路人’。
帕特·罗伯特森（美国）
世界将在 1982 年灭亡。
伊丽莎白·克莱尔·普罗菲特（美国）
世界将会终结于 1990 年 4 月的一场核战争，信徒们都来我的避难所吧。
李长林（韩国）
1992 年是“世界末日”的开始，不相信我的人将受到耶稣的审判。

“上述‘预言家’并没有对他们的末日时间做出具体的解释，只有一同获奖的哈罗德·康平阐述了自己对末日时间的计算方法。”

耶稣是在公元33年4月1日被钉在十字架上的，距离2011年5月21日，正好是722500天。而722500这个数字等于$(5\times10\times17)^2$。在《圣经》中，数字5代表赎罪，10代表彻底，17代表天堂。所以，2011年5月21日是耶稣再临的日期，人类将面临末日审判。
圣经
明明都是些无稽之谈，为什么要给他们颁奖呢？而且还是数学奖。
是啊，为什么要给他们颁奖呢？
摸不着头脑

PAI老师小课堂
不要随便做假设！

这些末日论者无一例外，都搬出了常人无法理解的依据，并且破坏了很多人的生活。

一些人盲目听信末日论者的话，辞掉工作，捐出财产，严重的甚至家破人亡。

搞笑诺贝尔委员会之所以给这些末日论者颁发数学奖，是为了⚠**提醒人们不要随便做出假设！**

在进行数学假设和计算时，
要格外谨慎才行。
搞笑
诺贝尔

还有其他学者依据某些他们自认为合理的理论预言了世界末日。

英国天体物理学家布兰登·卡特认为，如果把从人类开端到终结的所有人都排列起来，从中随机选出一个人，那么这个人位于人类历史中间的可能性更大。如果估算出地球上已经出现的人类总数，就能**推算**出未来还会有多少人类出生，进而**预测**出人类的末日。这个理论得到了哲学家约翰·莱斯利的支持。

美国天体物理学家理查德·戈特以类似的方式做出了**预测**。

戈特认为，有 95% 的概率我们正处于人类历史中间的某个地方——95% 是统计学常用的数值。如果现代人类已经存在了 20 万年，那么当我们处在 95% 区间的最前面或者最后面时，距离人类末日分别还剩多少时间呢？

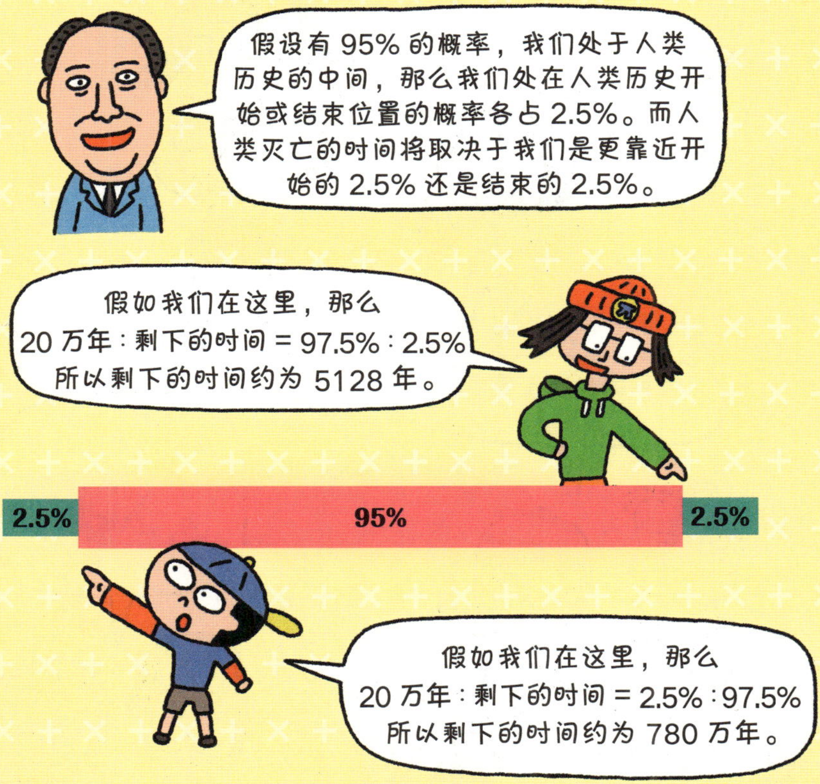

假设有 95% 的概率，我们处于人类历史的中间，那么我们处在人类历史开始或结束位置的概率各占 2.5%。而人类灭亡的时间将取决于我们是更靠近开始的 2.5% 还是结束的 2.5%。
假如我们在这里，那么
20 万年：剩下的时间 = 97.5%：2.5%
所以剩下的时间约为 5128 年。
2.5%
95%
2.5%
假如我们在这里，那么
20 万年：剩下的时间 = 2.5%：97.5%
所以剩下的时间约为 780 万年。

还有数学家**预测**未来世界会因为人口爆炸而毁灭。海因茨·冯·福斯特在 1960 年发表的论文中预测：到 2026 年，世界人口将增长到无限大，各种资源都会被消耗殆尽。如果不想因为人口激增而陷入困境，就必须实施计划生育政策。

不论是获得了 2011 年搞笑诺贝尔数学奖的人，还是其他提出灭世假说的人，他们的预测都同样荒谬，不是吗？
他们的差别很大。

我们的预言不需要依据。
我们的预测有理有据，因为我们有“严谨”的计算过程！
圣经

大家好奇的用语

自然数（第 22 页）

自然数是指零和大于零的整数，即 0，1，2，3…… 自古以来，自然数就被用于计数。整数包含自然数和负整数，如 −1，−2，−3…… 而整数和分数又统称有理数。这个世界上除了自然数、整数、有理数之外，还有许多其他的数，大家以后会慢慢学到。

指数（第 58 页）

一种数学工具，被用于衡量事物在一定时间或空间范围内变动的相对程度。疼痛指数、幸福指数、不快指数等，都是用具体数值呈现出抽象的感受或状态的变化情况。指数一般基于某种标准来构建。以幸福指数为例，它是在通过询问受访者一系列的问题——如是否认为有人愿意在自己遇到问题时提供帮助、是否认为腐败问题会蔓延、预计自己能活多久等，统计、分析回答后计算出来的数值。

假设（第 77 页）

“如果明天不下雨，我们就去动物园。”这句话中的“明天不下雨”就是一个假设条件。在科学研究中，科学家对某种现象或事物提出的初步解释或设想，我们也称之为假设。假设必须基于已有的事实或观察提出，并通过实验或实践验证其正确性后，才可上升为理论。比如，爱因斯坦确实提出了光速不变的假设，并在此基础上发展出了狭义相对论，经过无数次的验证后，相对论才成为现代物理学的基本理论之一。

这些也是数学！

摩擦力

（第20页）

两个物体接触面之间发生相对运动或有相对运动趋势时，出现的妨碍运动的力即摩擦力。沉重的箱子很难被拖走，是因为它和地面之间的摩擦力大；轻的箱子容易被拖走，是因为它与地面间的摩擦力小。摩擦系数可以反映出摩擦力的大小，摩擦系数越大，摩擦力越大，反之则越小。

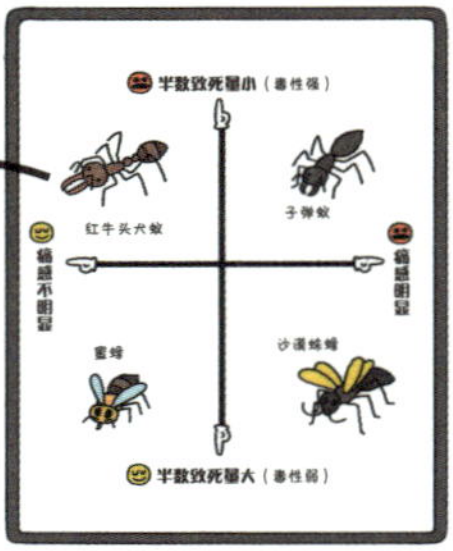

半数致死量

（第58页）

致死量即足以致使机体中毒死亡的最小剂量，半数致死量中的“半数”并不是剂量减半的意思，而是致使一半的对象中毒死亡。氰化钾的半数致死量是1mg/kg，这意味着如果给体重为1kg的若干动物分别投喂1mg氰化钾的话，理论上有一半的动物会死亡。物质的半数致死量越小，表示它毒性越强。

因果关系

（第64页）

“我今天喝了很多水，所以总是想上厕所。”其中，“喝了很多水”是原因，“想上厕所”是结果。这是显而易见的因果关系。即便不特意喝很多水，过段时间也会自然产生小便，但这里的小便与喝水量之间没有直接的因果关系。如果两个事件之间存在因果关系，那么它们必然存在相关性。

鲸鱼鼻涕采集者的高科技逆袭

在无人机技术普及之前，为了收集鲸类喷出的黏液（俗称“鲸鱼鼻涕”），科学家们必须冒着风险乘船靠近巨大的鲸。这样不仅危险，而且效率低下，每次采到的样本量都很有限。为了能“活着”采集到更多的“鲸鱼鼻涕”，英国的“鲸鱼鼻涕采集者”开发了一种遥控直升机采样系统。当鲸类浮出水面换气时，鼻涕采集者可以通过远程控制直升机飞过鲸喷出的水柱，利用培养皿精准捕获黏液样本。

这项技术不仅提高了研究的安全性，也为鲸类的保护和海洋生态研究提供了更可靠的科学依据，因此获得了2010年搞笑诺贝尔工程学奖。

新东方 XDF.CN | 大愚文化
更好的你 更大的世界

什么？还有搞笑诺贝尔？

搞笑诺贝尔奖（Ig Nobel Prizes）创立于1991年，

是对诺贝尔奖的戏谑模仿，

表彰的是那些**“乍看令人发笑，之后发人深省”**的研究。

本系列精选搞笑诺贝尔**50**个获奖研究，

每一个都让人惊呼**“居然有人研究这个”！**

研究过程有多**严谨**，结论就有多**搞笑**。

谁会喜欢这套书？

- ☑ 觉得课本太无聊的小学生
- ☑ 急需让孩子放下手机的家长
- ☑ 头顶问号的好奇星人
- ☑ “不正经”知识爱好者

你每天流多少口水？

别动气，笑着开车更安全哦！

企鹅可以将粪便喷射多远？

搞笑诺贝尔

数学篇 图形和测量

好奇心工作室 / 著

中国出版集团有限公司
China Publishing Group Co., Ltd.
现代出版社

你喜欢数学吗？

你喜欢数学？那真是太好了！不过还是有很多小朋友一听到数学就郁闷，他们明明很想学好数学，但由于在计算过程中频频出错，就有了“数学好难！”的感觉。所以，我想带领这些小朋友通过搞笑诺贝尔奖重新认识和了解数学，激发他们对数学的兴趣。

获得搞笑诺贝尔数学奖的研究屈指可数。我从搞笑诺贝尔的获奖研究中精选了十项与“图形和测量”相关的研究，它们未必都获得了数学奖，但这些“乍看之下令人发笑，细思之后发人深省”的研究，会让大家笑着笑着就对数学产生好感，读着读着兴许还会下决心成为数学家呢！

接下来，就让我们在 PAI 老师的引导下，一起走进妙趣横生的数学世界吧！

你知道搞笑诺贝尔奖吗？

搞笑诺贝尔奖设立于 1991 年，由科学幽默杂志《不可思议研究年鉴》创办，奖项涉及物理、化学、医学、数学、生物、和平等多个领域，旨在提高人们对科学的关注度，激发人们对科学的兴趣。

获得搞笑诺贝尔奖的研究常常出人意料，有的甚至令人无语。但也正是这些不可思议的科学研究，会让人们发出“原来科学这么有趣啊！”或者“原来科学就藏在我们的生活中啊！”这样的感叹。在搞笑诺贝尔奖的颁奖典礼海报上，罗丹的作品《思想者》从坐着思考变成了躺在地上思考，其目的就在于强调“转变思维”的重要性。

那么，现在就让我们用这本书打破思维定式，开启怪诞离奇的科学视角吧！

目录

搞笑二人组

PAI 老师

PAI 老师的“PAI”既不是蛋黄派，
也不是巧克力派，
而是无限不循环小数——圆周率 π。
这位充满好奇心的数学老师
总是拖着一个小行李箱，
随时准备前往有数学的地方。

我

我们小区公认的“热心肠”，
爱管闲事，
好奇心强，行动力无敌！
但说实话，数学不太开窍。

1

左胳膊痒，要挠右胳膊？

几天前，学校提前放学，我和同学们就一起去了游乐园。

好久没玩得这么开心了！我兴奋得跑来跑去，结果一不小心摔倒了。倒下去的瞬间，我下意识地用左手撑住了身体……

我的左胳膊当场就骨折了，一直到今天，都还裹着烦人的石膏绷带。

虽然过一段时间骨头就会愈合，但是现在出现了一个问题。

"左边胳膊痒的话，你就挠右边胳膊啊！"PAI 老师突然出现，还说了句莫名其妙的话。

"老师，您别逗我了。左边痒，挠右边有什么用啊？！"

"看来你不相信我说的话，不过这真的管用！有研究表明，身体左侧感到瘙痒时，抓挠身体右侧对应的部位可以缓解症状。这项研究还获得了2016年的搞笑诺贝尔医学奖呢。"

我挠了右胳膊，怎么左胳膊还是痒呢？
你那样挠没用，一定要制造错觉，让大脑以为你在挠左胳膊。

“德国吕贝克大学的克里斯托弗·海尔姆申的研究小组发现，如果左胳膊痒，可以看着镜子挠右侧对称位置止痒。”

这真是难以置信！

老师看我一脸问号，将我拉到镜子侧面，说：“来，你现在站在镜子旁边，你的身体就**对称**了。”

现在，你是不是感觉
在挠左胳膊呢？
啊？

PAI老师小课堂

利用对称止痒

简单来说，对称的物体或图形对应的部分是完全相同的。

如果在你的鼻子和肚脐之间画一条直线，那么以这条线为基准，你的左眼和右眼、左耳和右耳、左臂和右臂，是两两对称的，每一部分都像在照镜子一样。

我们身体的左右两侧是对称的。

我是左右对称的！
我们也是！
地球上的大部分动物都是左右对称的。

一个长方形，不管是沿着长边对折还是沿着短边对折，折痕两侧的图形都能完全重合。

这两条折痕叫作**对称轴**，这种对称叫作**轴对称**。

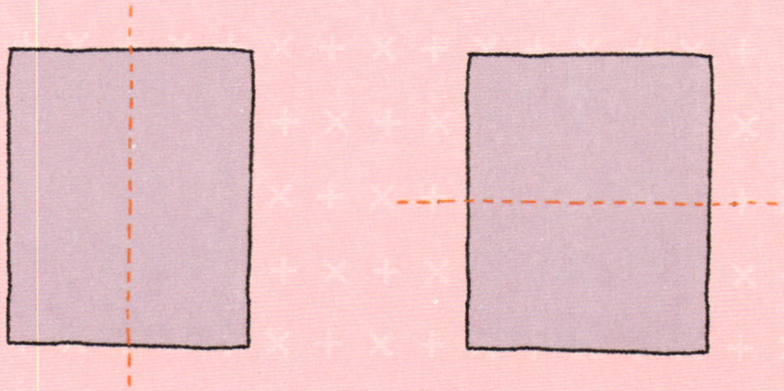

左右对称就是轴对称，我的对称轴是经过鼻子和肚脐的直线。
提到轴对称，自然少不了我们蝴蝶。

海尔姆申的**对称**研究让很多人获益匪浅，因为利用他的这一发现，不仅可以缓解瘙痒，还可以减轻疼痛。

有些人在截肢后，依旧能感受到已经不存在的肢体所带来的疼痛，这种现象叫幻肢痛。利用海尔姆申的研究成果，医生们现在可以对着镜子给截肢患者健全的肢体做治疗，通过欺骗大脑减轻其痛感。

针对右腿截肢的病人，
我们将镜子摆在他身体的对称轴上，
在其左腿上进行物理治疗，同时让他
看着自己的左腿在镜子里的镜像。
啊！我又活过来了，
现在没那么疼了。
♪

利用镜子形成的

镜面对称，

还能表演神奇的魔术。镜面对称既可以让你“变胖”，

也可以把你“变苗条”，还能让你“浮在空中”！

看！我浮起来了。
咦？怎么
倒过来了？
勺子的凹面

2

你试过头朝下从胯间看风景吗？

晚上，我和PAI老师坐在公园的长椅上聊天。远处，树冠的上方升起了一轮看起来非常非常大的满月。

“昨晚，我在家里看到的月亮好像没有这么大。”我说。

明明是同一个月亮，为什么昨天和今天的大小会看起来如此不同呢？
除了看到月亮的时间不同，我想不到其他原因。

“有时，我们的眼睛会产生**错觉**，我们看到的并不一定是真实的。下面两幅图中橙色的圆，看上去是不是不一样大？但其实它们一模一样。”

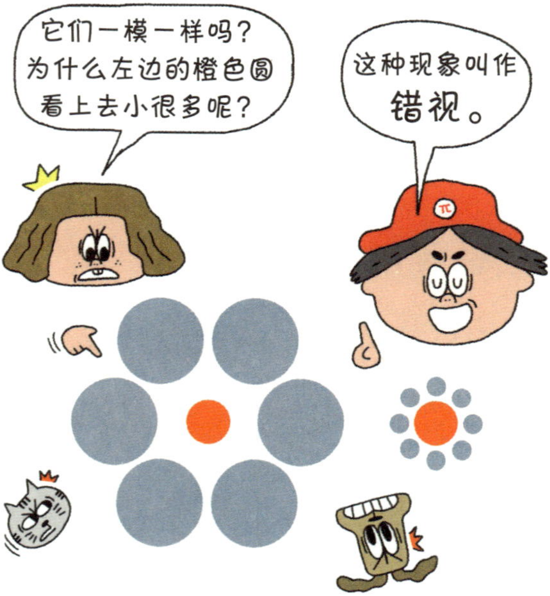
它们一模一样吗？
为什么左边的橙色圆
看上去小很多呢？
这种现象叫作
错视。

“两个圆虽然大小相同，但其中一个的周围有更大的圆衬托，所以视觉上，它看起来就会更小一些……”老师说。

“而另一个圆旁边有更小的圆衬托，所以看上去就会更大一些，对吧？”我不等老师说完就得意扬扬地抢答道。

“不错嘛，你反应很快！”

“那么，在家里看到的月亮很小，而在这里看到的从地平线上缓缓升起的月亮却很大，其中的原因你猜到了吗？”

“猜不出来，月亮旁边没什么对比物啊。”

“这其实是视觉距离导致的。换句话说，我们普遍感觉地平线上的月亮比高悬在夜空中的月亮更远，这其实是一种错觉。”

与头顶万里无云的天空相比，在我们的眼中，地平线附近的天空看起来更远。
因为误以为地平线更远，所以大脑会不自觉将那里的月亮放大。
实际的天空
人眼看到的天空
地平线上的月亮

“老师，如果看得更认真仔细一些，是不是就能杜绝错视现象了？”

“错视的出现和看得是否认真，并没什么太大关系。”

“那么，就真的没有办法了吗？”

“的确有一种克服月亮**错觉**的方法，能让人用肉眼观察到月亮的真正大小。”

“什么方法？”

那就是弯下腰，
把头放在双腿间，
从胯下看。
像这样吗？

PAI老师小课堂

靠不住的眼睛

日本立命馆大学心理学系的东山笃规和日本大阪大学的足立浩平，研究过从双腿之间看世界会是什么样子，并因此获得了 2016 年的搞笑诺贝尔认知奖。

东山教授亲自示范了如何“从胯间看风景”。

低头从双腿之间看世界，天在下面，地在上面，上下是**颠倒**的。

这样看到的事物和用正常方式看到的，大小会变化吗？视觉距离会改变吗？

东山教授的研究小组对此感到好奇，于是招募了 90 名志愿者参与实验。研究人员在不同的距离上放置了大小不同的四边形标志牌，然后请半数志愿者弯腰从胯间观察这些标志牌，另外半数则正常站立观察。

各位，现在请说一下
你们观察到的四边形的尺寸，
以及它们与你们之间的距离。

询问志愿者后发现，从胯间看到的四边形标志牌比正常站立看到的更小。

倒过来看物体，与正着看相比，

物体的尺寸显得更小。

由于观察姿势不同，人们对同一个标志牌的视觉认知也不同。
看来，我们并不能完全相信自己的眼睛啊。

所以，如果弯腰从双腿间看地平线上的月亮，它会显得更小。这样一来，我们等于对地平线上的月亮叠加了两次错视。负负得正，就能看出月亮真实的大小啦。

引起错视的原因多种多样，可能和周围的环境有关，也可能是因为图像本身就比较模棱两可。

我们在**认知过程**中，经常会下意识地**推理**，因此很难避免**错视**。

这幅画上是人脸，
还是花瓶？
让我成为能够克服错视的人吧！

3

用轮子申请专利？

PAI 老师家里的柿子树大丰收，今天我来帮他摘柿子。

“又成功摘下一个！”我轻轻握住柿子，稍微用力就从树上摘了下来。

我们把摘下来的柿子放在袋子里，等袋子装满后，再将袋子里的柿子倒进手推车里……就这样一直忙忙碌碌。

那个也要摘吗？
高处的，我们就留给喜鹊吧。

终于收工啦！我们满载而归！

我握着手推车两边的把手轻轻抬起，车的支架就离开了地面。只要左右平衡用力，手推车就能在车轮的带动下顺利前行。

老师，我的“开车”技术怎样？
你呀，还是先感谢发明车轮的祖先吧。

“车轮是谁发明的呢？”我追问道。

“这个就不清楚了。根据目前的考古发现，车轮这一工具最早出现在美索不达米亚平原。不过根据各种记载，同一时期的其他地区也曾使用过车轮。”

刚开始人们注意到，将木头削去棱角变成圆盘后，车辆行驶起来会更省力。
后来又发现，把实心圆盘从里面挖掉一些材料，车轮会变得更轻，车辆跑得也就更快。轮辐式车轮由此诞生。

“关于车轮，还有一个有趣的故事——有个澳大利亚人曾经为车轮申请了专利。”

“专利不是在发明新东西的时候才能申请吗？”我惊讶地问。

“因为车轮被这个人申请了专利，所以当地人想要使用车轮时，必须向他缴纳专利费。”

听上去很不可理喻，对吧？那我们就一起来看看到底是怎么回事吧。
车轮早就出现了，为什么还要向他交专利费呢？

PAI老师小课堂

圆的性质

2001 年 5 月，澳大利亚政府引入了一种快速、低成本的专利发放制度——革新专利。同年 7 月，专利律师约翰·基奥“发明”的圆形运输促进装置，实际上就是车轮，被澳大利亚知识产权局授予了专利号。

标准专利申请费用昂贵、程序复杂，所以澳大利亚政府引入了革新专利这一新制度。
180 澳元约为人民币 853 元，5000 澳元则是 23000 元左右。
标准专利费为 5000 澳元以上，保护期是 20 年。
革新专利费为 180 澳元以上，保护期是 8 年。
AUSTRALIA
澳大利亚政府
澳大利亚知识产权局

车轮是利用圆的性质制作出来的。

在平面内，圆是到定点的距离等于定长的点的集合，这里的“定点”就是圆心，“定长”就是圆的半径。

车轮就是一个圆，所有辐条的长度都相等，这样轮子才能顺利滚动。
圆
半径
圆心

使用圆形轮子的话，就不会那么累了……
哎呀，真的好累！

圆形的车轮并不是约翰 - 基奥发明的，他只是起了个“圆形运输促进装置”的新名字就能被授予专利，这很不像话吧？

其实，基奥申请这项专利，就是为了揭露革新专利制度存在的问题。

基奥和澳大利亚知识产权局分别因为这项专利的申请和授予，共同获得了 2001 年的搞笑诺贝尔科技奖。

希望我的获奖，能揭露澳大利亚专利法存在的问题，从而推动该法的修改。
几年后，澳大利亚知识产权局悄悄取消了约翰·基奥的专利。

车轮不能被个人申请专利，但是带轮子的箱包可以申请专利。

虽然人类使用车轮已经有 5000 多年的历史了，但带轮子的箱包是近代才问世的，是人类对轮子富有创造力的使用，因此可以用来申请专利。

这个已经有了，你不知道吗？
带轮子的电视怎么样？我可以拿它去申请专利吧？

4

居然有正方体粪便？

我满怀期待地跟着 PAI 老师来到了澳大利亚。在这里，我遇到了一只正在缓慢爬行的动物，它的屁股下面还挂着幼崽。但看样子，这只动物既不是袋鼠也不是考拉。

“老师，那是什么？”我好奇地问。

“是毛鼻袋熊。它们像袋鼠和考拉一样，在育儿袋里哺育幼崽。”

“这两只毛鼻袋熊是从哪里冒出来的呢？”

PAI老师用手指了指一旁地面上的洞穴，我赶紧凑过去看。咦？这个洞旁边有好多方块形的东西，是什么呢？

你看那边。
2019年澳大利亚发生山火，大火持续了好几个月，很多小动物躲进我们毛鼻袋熊的地洞里才逃过了一劫。
我们的家！
是谁来了？

我脑中想到一种可能，不由得喊了出来：“这莫非就是帕托老师说的方形粪便？”

“没错！”PAI老师顺势开始了他的“粪便小课堂”，“毛鼻袋熊需要半个月左右的时间，才能把吃的东西变成粪便。”

快来看，我的方形粪便就是这样形成的。
一开始是柔软、黏稠的液态物。
进入肠道后慢慢脱水，变得越来越干燥。
在最后8%的肠道中，变成正方体的样子。

“毛鼻袋熊每天会排出近100个正方体粪便。来自美国佐治亚理工学院的研究人员发现了这种粪便的形成原理，并因此获得了2019年的搞笑诺贝尔物理学奖。”

“因为研究粪便而获得搞笑诺贝尔奖的人可真多啊！”我感慨道。

不过，什么是正方体？
啊，差点儿踩到屎！
别着急，听我慢慢讲。

PAI老师小课堂
粪便中的
立体图形

我们的生活用品基本都是**立体图形**。

铅笔、桌子、凳子、球、苹果、帐篷……你知道它们分别是什么立体图形吗？

我们是球体！
我是圆柱体！
我是六棱柱！
我的桌面是长方体！
我是四棱锥！

正方体也是**立体图形**。

它是由 6 个完全一样的正方形围成的立体图形，所以也称正六面体或立方体。

在这个立体图形中，6 个正方形的边彼此重合在一起，形成了正方体的 12 条棱。

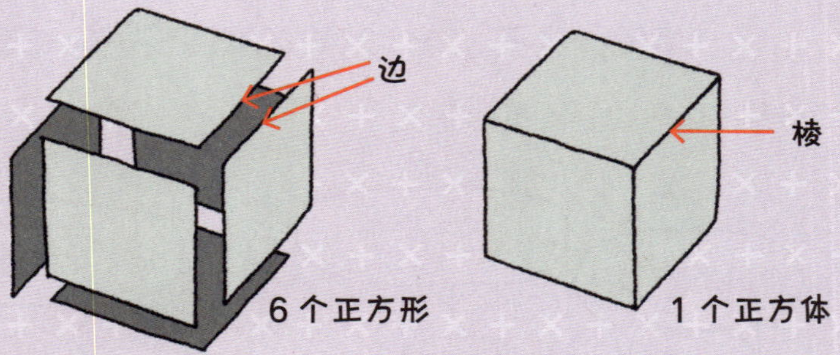
边
棱
6 个正方形
1 个正方体

正方体是用 6 个完全相同的正方形围成的立体图形。
是这样的吗？
这可不是正方体。正方体的相邻面还得互相垂直才行。

毛鼻袋熊的粪便并不是真正意义上的正方体，它的棱长不完全一样，相邻面之间也不是严格意义上的垂直关系。它的粪便有点扁，棱也稍微圆润一点，这种形状勉强可以称为正方体。

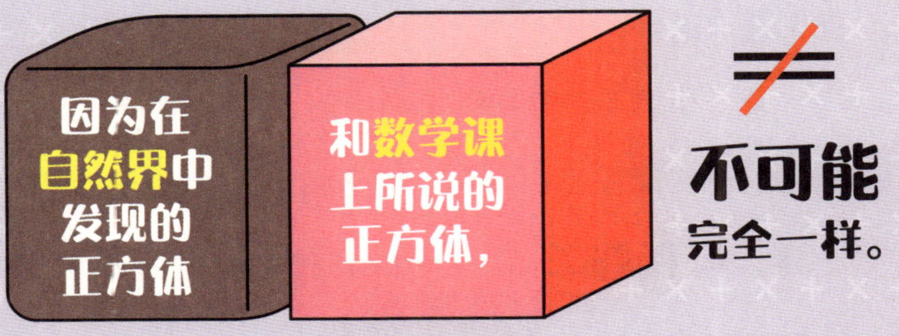
因为在
自然界中
发现的
正方体
和数学课
上所说的
正方体，
≠
不可能
完全一样。

这种形状勉强可以
称为正方体。
那么，
这个是圆锥吧。

还有形状是**长方体**的粪便，比如蚕粪，也称蚕沙。虽然蚕粪的表面凹凸不平，但其颗粒形状与长方体类似。

不过，正方体和长方体粪便并不常见，圆形的粪便倒是很多。

兔子和绵羊的粪便都是小小的、圆圆的**球**，而且它们一次能拉出很多颗。獐子和山羊的粪便像黄豆一样，是**椭圆形**的。人和狗的粪便都是又圆又长，这是因为我们的大肠是**圆柱**状的。

当然，也会有不成形的粪便。

被鸟屎砸过的人
应该都清楚这点。
哎呀，
不要！
我可
不想知道
这些！

5

粪便刀的故事是真的吗？

PAI 老师给我讲过一个因纽特人的故事。

曾经，因纽特人一年四季都在打猎，他们饲养驯鹿、捕食海鱼，追随猎物四处迁徙，在无法耕作的冰原上过着游牧生活。

驯鹿把这个地区的草都啃光了。
我真想再抓一只海豹啊……
是时候离开这里了。

到了 20 世纪 50 年代，越来越多的因纽特人放弃游牧生活，选择在城镇定居。

但有一位老人对冰原情有独钟，选择独自在这里生活下去。为了迫使他搬离冰原，老人的家人拿走了他所有的工具。面对这种情况，老人虽然十分为难，但依然没有让步。

“你们以为没有工具，我就活不下去了吗？”

老人走出冰屋，在冬天的寒风中，将自己冻成冰的粪便磨成了一把刀。他用这把锋利的“粪便刀”杀死了一条狗，将狗的骨头做成雪橇，然后驾着雪橇消失在了冰雪之中。

把狗宰了，用狗的胸骨做成雪橇吧。
嗯，这把刀果然很锋利。把狗皮割开，套在雪橇上吧。
我绝不离开冰原！我要藏起来。

这便是生活在
北极冰原上的
因纽特人的故事。
这个故事也太夸张了吧！
粪便就算冻得再硬，
也不可能做成刀吧？

“这个广为流传的故事源自《太阳的阴影》一书，其作者韦德·戴维斯是一位人类学家，他辗转于各个原始部落之间，探究即将消失的文明。”

我很喜欢
您老人家的故事，
所以把它写进了
我的书里。
太阳的阴影
韦德·戴维斯

很多人质疑这个故事的真实性：冷冻的粪便真的可以磨成刀吗？粪便刀真的会锋利到足以切开皮革吗？什么形状的刀才足够锋利呢？

美国肯特州立大学的研究人员为了检验粪便刀的锋利程度，展开了一次又一次的实验。

他们将自己的粪便冷冻后，做成了刀！

你们想知道我做的粪便刀是什么形状吗？其实就是你们常用的刀的样子。
粪便形状的刀？
下面我就给你讲讲获得搞笑诺贝尔奖的粪便刀的研究吧。

PAI老师小课堂

刀中的立体图形

美国肯特州立大学的人类学家梅廷·埃伦等七名研究人员，决定亲自验证因纽特老人故事的真实性。

美国肯特州立大学人类学系
我们要不要亲自验证一下这个故事的真假？
那个粪便刀的传言！
可以呀！就用我的大便吧？
刀通常是三角形或长方形的。我们就按照这两个形状做吧。
要做什么形状的粪便刀？

首先，负责排便的人要按照因纽特人的饮食习惯进食。
从第四天起，开始收集粪便。
分别用陶瓷模具和手捏的方式，制作出长方形和三角形的刀具。
把冷冻成型的粪便磨出刀刃。
最后，用猪皮代替狗皮，进行切割实验。

实验结果显示，用冷冻的人类**粪便制成的刀并不好用。**三角形的手捏刀和长方形的模具刀，都没有切开猪皮，只在上面留下了融化的粪便残渣。

一次实验不成功，研究小组又做了一次实验。与上次不同，这次他们更换了粪便！这次粪便的提供者主要吃汉堡、意面等食物，更接近欧美人的饮食习惯。

粪便换了，要不要把刀的形状也换一下？
刀本身的形状影响不大，重要的是刀刃。
剪刀和菜刀的外形虽然不同，但刀口的截面都接近三角形。

第二次实验也失败了。

所以，**粪便的构成也不是问题。**

最终，研究小组得出结论：因纽特老人的故事不属实。

实际上，我们使用的每一件物体都是**立体图形**，只不过在实际生活中，像刀和纸一样薄的东西，我们通常用**平面图形**来描述其形状。

至于因纽特老人的粪便刀，它应该比普通刀厚，我们不能说它是**三角形**，用薄**三棱柱**来形容或许更合适。

6

怎样画一颗闪亮的星星？

阿波罗 11 号登月 20 周年纪念
太空探索计划（1989 年）
美国计划在 20 世纪 90 年代建成空间站，在 21 世纪建造月球基地，并将美国人送上火星。
我们看到了火星的照片，上面有水。有水就有氧气。如果有氧气，那就意味着我们可以在火星上呼吸。
总统乔治·布什
副总统丹·奎尔

我正在看电视，听到人类可以在火星上呼吸，惊讶地跳了起来：“人能在火星上呼吸？！”

“当然不能。这是美国时任副总统丹·奎尔在 1989 年的发言。他的无知让人们意识到了科学教育的重要性，所以搞笑诺贝尔奖主办方将教育奖颁给了他。”

决定 1991 年搞笑诺贝尔奖得主的会议
把奖颁给声称“火星上可以呼吸”的副总统丹·奎尔吧！
为什么要把奖颁给这种胡说八道的人呢？
这番荒谬的言论不正是在提醒人们要重视科学教育吗？
啊！还有这层深意啊！那我们就给他教育奖吧。

如果我将来能搭乘载人飞船登上火星，那该多好啊！

我正憧憬着未来，PAI 老师指着天空中略带红色的点对我说："那就是火星。"

"圆圆的，好漂亮啊！"我一边赞叹，一边在纸上画起了星空。先画出圆圆的火星，再画出旁边闪烁的星星。

你画错了。其他星星也要画得圆圆的。
为什么？星星不是一闪一闪的吗？

“星星本身并不会闪烁。之所以看起来一闪一闪的，是因为星星的光线在到达我们的眼睛之前，需要穿过地球的大气层，其间光线经过不断的折射和散射，亮度发生了变化，看起来就好像在闪烁一样。”

“看来，不管是恒星还是行星，我都要重新画了。”

但是，星星为什么
是圆圆的呢？
让我来告诉你
其中的奥秘吧。

为什么星星是球体？

大家都见过棉花糖的制作过程吧？

将白砂糖放入专门的机器中加热融化，当机器内部高速旋转时，糖浆从小孔甩出，遇到空气迅速冷却变成细细的糖丝。用一根小棍子反复缠绕这些糖丝，就制成了蓬松的棉花糖。

而星星的形成过程和棉花糖的制作过程差不多。

我们熟悉的太阳以及其他星星的形成过程，都与棉花糖的制作过程类似。

大约 46 亿年前，在宇宙空间的某处聚集着大量的气体和尘埃，这些气体和尘埃在引力的作用下逐渐向中心聚集，直到聚集成一个庞大的、不停旋转的圆盘。经过日久天长的旋转后，圆盘的中心聚集成球体，温度急剧升高，并释放出巨大的能量，最

恒星也在绕自己的“棍”旋转。
我要转得“直直的”。
我要半躺着，才能拥有四季。
不管怎样旋转，我们都是球啊。
水星
金星
地球
火星

终形成了我们的恒星——太阳！

圆盘其他位置上的尘埃等物质，在旋转的过程中也聚集成了球体，最终形成了行星。

太阳和行星绕着旋转的那条不存在的直线，就是它们的**自转轴**，类似棉花糖的棍。

每个行星的自转轴的倾斜角度都不一样。

太阳系中除了太阳，就数我最大。把剩下的行星全部加起来，也没有我重！
我周围的环像黑胶唱片一样。
我喜欢躺着旋转。
海王星
天王星
木星
土星
无论是恒星还是行星，它们都是球形，而球是一种旋转体。

恒星和行星之所以都是球形，是因为引力。引力从各个方向均匀地吸引气体和尘埃颗粒，使它们形成一个球体。**从球的中心到球表面任意一点的距离都一样。**

要想形成球体，最常用的方式是将一个圆绕着它的任意一条直径进行旋转，或将半圆绕着其直径旋转。

将任何平面图形绕着其所在平面上的一条直线旋转，都能形成旋转体。

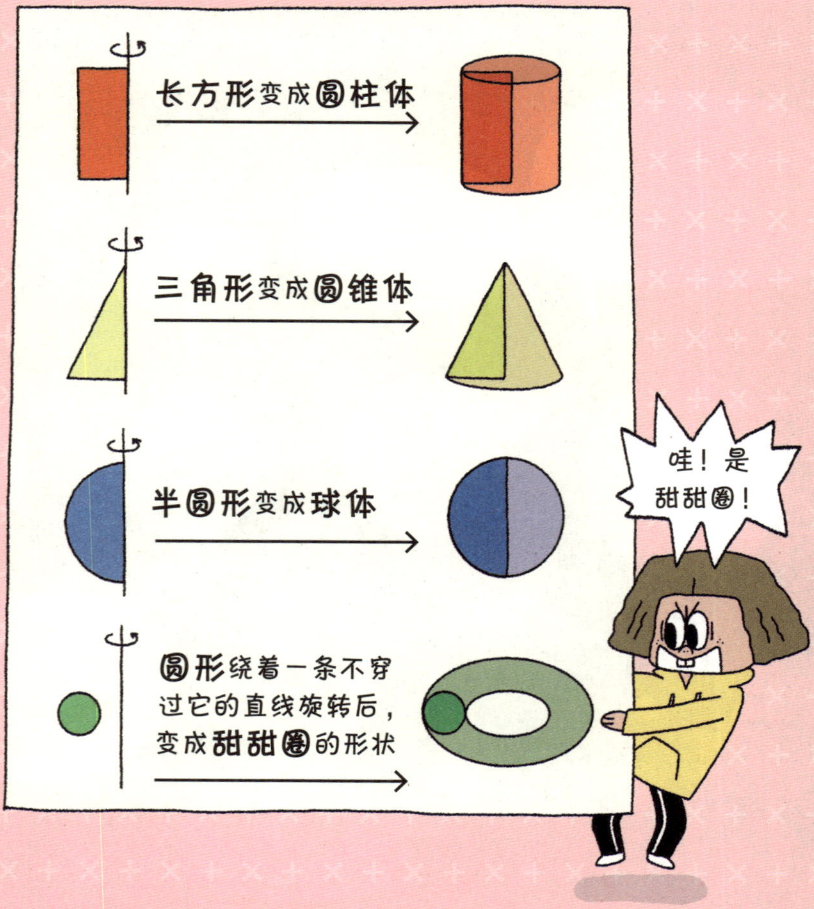
长方形变成圆柱体
三角形变成圆锥体
半圆形变成球体
圆形绕着一条不穿过它的直线旋转后，变成甜甜圈的形状
哇！是甜甜圈！

7

猫是液体？

我上网的时候看到一个视频，视频里的猫钻进了玻璃花瓶，看上去就像没有骨头一样！

老师，您听过“液体猫咪”这个说法吗？
当然听过。有段时间，人们非常热衷于发布各种“液体猫咪”的照片和视频。

“猫咪能蜷缩身体，钻到非常狭窄的地方。人们看到后觉得很神奇，于是通过分享照片的方式开展了名为‘猫究竟能钻进多窄的缝隙’的比赛。”

“真不愧是‘液体猫咪’！”

“这可不只是玩笑，有人就以‘猫是液体还是固体’为主题进行过研究，还因此获得了 2017 年的搞笑诺贝尔物理学奖。这个人就是法国里昂大学物理研究所的马克－安托万·方丹。”

猫究竟是液体还是固体呢？我的研究结论是：
猫既可以是液体，也可以是固体。
一听就是胡说八道，怎么会给他颁奖？！
究竟是不是胡说八道，你得往下听完啊。

“你知道怎么区分液体和固体吗？”老师问。

“呃……流动的是液体，坚硬的是固体。”第一次认真思考这个问题，我发现自己居然没有确切的答案。

“没错。液体可以流动，没有固定的形状，注入什么容器，就会变成容器的形状。固体较硬，有相对固定的形状。”

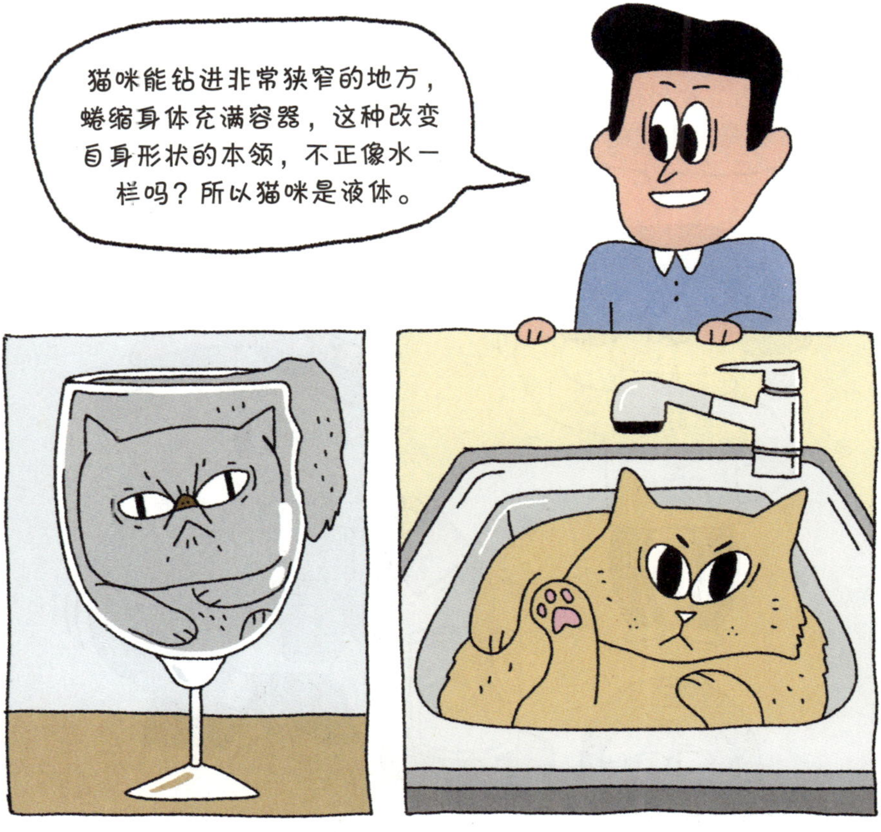
猫咪能钻进非常狭窄的地方，蜷缩身体充满容器，这种改变自身形状的本领，不正像水一样吗？所以猫咪是液体。

“呃……但是这听上去也太荒谬了吧！”我虽然觉得有些道理，但仍然无法接受这种说法。

“虽然听上去很荒谬，但这些直觉上的无稽之谈如果能得到科学验证，会怎样呢？”老师故意对我卖关子。

我好奇地竖起了耳朵。

“可能会被授予搞笑诺贝尔奖，就像马克－安托万·方丹一样。”

听了老师的话，我又不禁困惑起来。

那么，这种说法究竟是对是错呢？
在此之前，我们先来了解一下如何区分液体和固体吧。
液体
固体

PAI老师小课堂

液体和固体的区别

液体可以流动，而固体无法流动。但是，如果某种物质流动得非常缓慢，以至于我们几乎无法察觉，那它应该属于**液体**还是**固体**呢？

例如，用石油等原料制成的合成材料——沥青。在托马斯·帕内尔教授的沥青滴落实验中，每落下一滴沥青都需要10年左右的时间。那么，沥青应该算是液体还是固体呢？

每10年滴下来一滴？
从实验开始至今，
共有9滴沥青滴落。

沥青究竟是**液体**还是**固体**？这个问题的答案取决于**分子运动的难易程度和观察时间**。

为了科学严谨地判断出猫是液体还是固体，方丹计算了猫的德博拉数——用一个材料的松弛时间除以观察时间，就能计算出德博拉数。德博拉数大于 1，表示该物质更像固体，数值越大则物质越坚硬。德博拉数小于 1，表示该物质更像液体，数值越接近 0 则物质越容易流动。

构成桌子的分子几乎不运动，
也就是说，桌子的松弛时间非常长。
桌子的德博拉数大于 1，所以它是固体。
德博拉数？
0?@?#$@%
^*#$%#$!~#
水分子容易运动，德博拉数
接近 0，所以水是液体。

方丹经过观察、计算发现，**走路和跳跃时的猫**更像**固体**，因为其观察时间短，德博拉数大于 1；而**进入花瓶或水槽里的猫**更像**液体**，因为它们能够“流淌”着充满容器，德博拉数小于 1。方丹的实验过程十分详尽，结论也很具有说服力。

网上流传着“液体猫咪”的说法，我也主张猫是液体。因此大家说我是个古怪的科学家。
此时德博拉数大于 1，猫是固体。
此时德博拉数小于 1，猫是液体。

液体和固体的区别有很多，其中最明显的不同是：固体拥有固定的形状，而液体及接近固体的液体都没有固定的形状。

8

如何测量印度象的表面积？

虎是亚洲特有的物种，近 100 年来，野生虎数量锐减。现在，中国只剩大约 100 只野生虎。

“韩国人一直很崇拜老虎，所以流传着很多关于老虎的传说，有愚钝的老虎，有吃人的老虎，还有报恩的老虎。另外，他们讲故事的时候经常用‘在老虎还抽烟斗的年代’作为开始。”

听完老师的话，我点了点头。

“虎死留皮，这个俗语你听说过吗？”老师问。

听是听过，不过，留下老虎皮要干什么呢？

我正疑惑着，老师继续说道：“以前，老虎是可以猎杀的。活着的老虎固然可怕，但老虎死后，珍贵的虎皮就成了人人垂涎的东西。”

哎哟，好贵啊！
那么，还是卖给我吧。
什么样的虎皮卖得贵呢？
这个嘛……越大、越完整的虎皮越贵。

“那就得知道虎皮有多大。可是，虎皮的面积该如何计算呢？它又不是标准的几何图形。”

“是啊，直接计算虎皮的表面积并不容易。所以，我们不妨再想想其他的办法。我们可以试试将一整块虎皮分成很多个部分，使每个部分都接近一个几何图形，先计算出每部分的面积，再求出总面积。曾有人用这种方法计算出了动物的表面积。不过，他的实验对象不是老虎，而是大象。”

我们计算出了大象的表面积。虽然过程很艰难，但幸运的是，这项研究获得了2002年的搞笑诺贝尔数学奖。

“将整体拆解成多个部分，就能算出整体表面积？”

“是的，研究人员以24头成年印度象为研究对象，得到了大象表面积的计算方式。接下来，我们来了解一下

通过计算大象的局部面积求其整体表面积的公式。”

这真的可行吗？
当然，下面我就详细地告诉你他们的实验步骤吧！

将大象分成几何图形

印度喀拉拉邦农业大学的斯里库马尔和尼尔马兰，为了计算大象的表面积绞尽脑汁，最终想到一个方法：

将大象的表面分成几个几何图形。

在大象的皮肤上画线标记，标记后的每个区域都要尽量接近一种几何图形。然后依次算出各部分的面积，再把它们相加求出总面积。

1. 成年雌性和雄性大象各 12 头，共 24 头。
2. 将大象的表面分为 13 个部分。测量每个部分的长度，以计算每个部分的面积。
3. 把 13 个部分的面积相加，便是大象的总表面积。
4. 从各项数据间找到规律，创造出一个根据少量且便于测量的数据就可以得出总表面积的公式。

把大象的表面分成 13 个部分

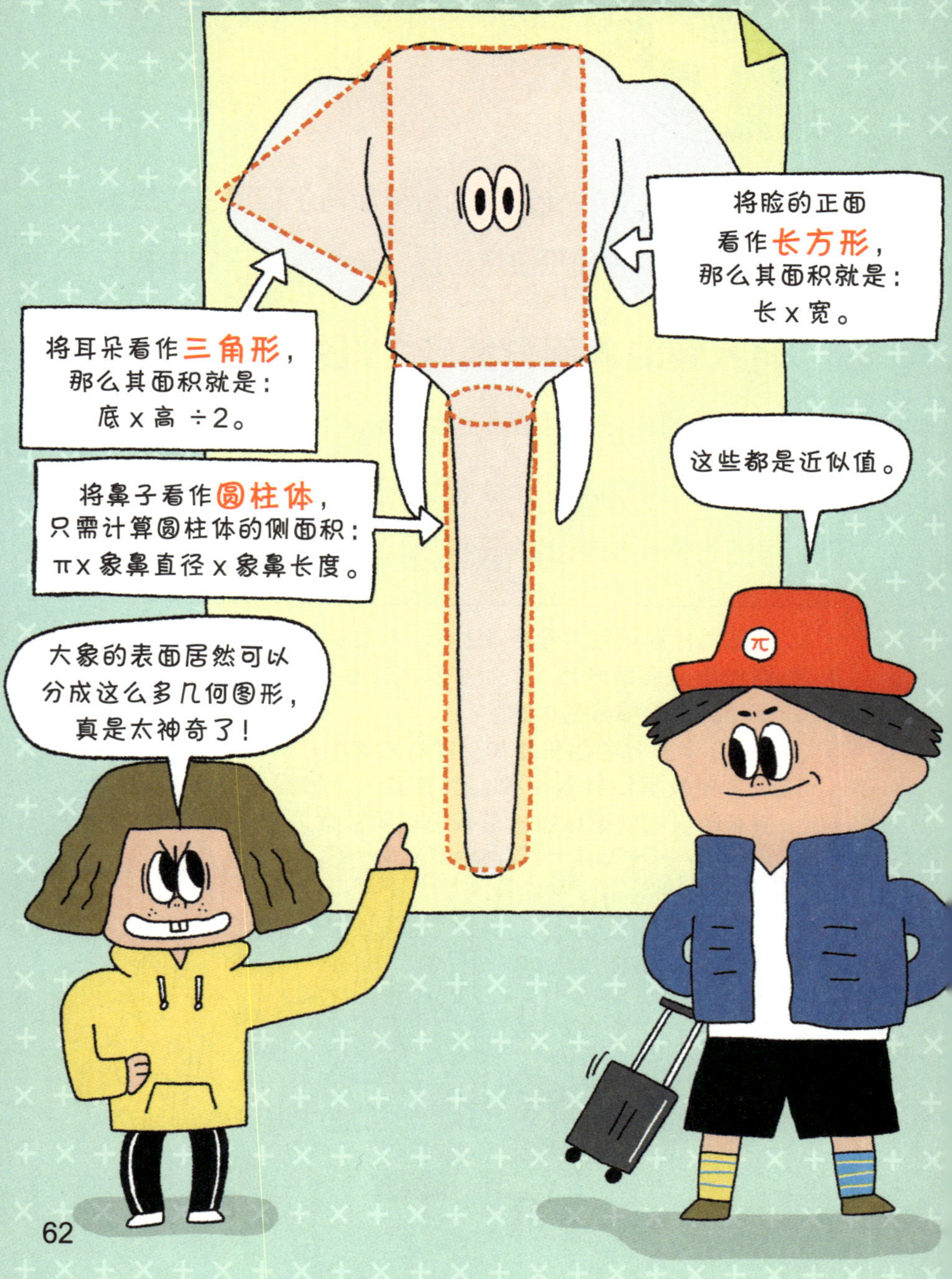

将脸的正面看作长方形，那么其面积就是：长 x 宽。
将耳朵看作三角形，那么其面积就是：底 x 高 ÷2。
将鼻子看作圆柱体，只需计算圆柱体的侧面积：π x 象鼻直径 x 象鼻长度。
这些都是近似值。
大象的表面居然可以分成这么多几何图形，真是太神奇了！

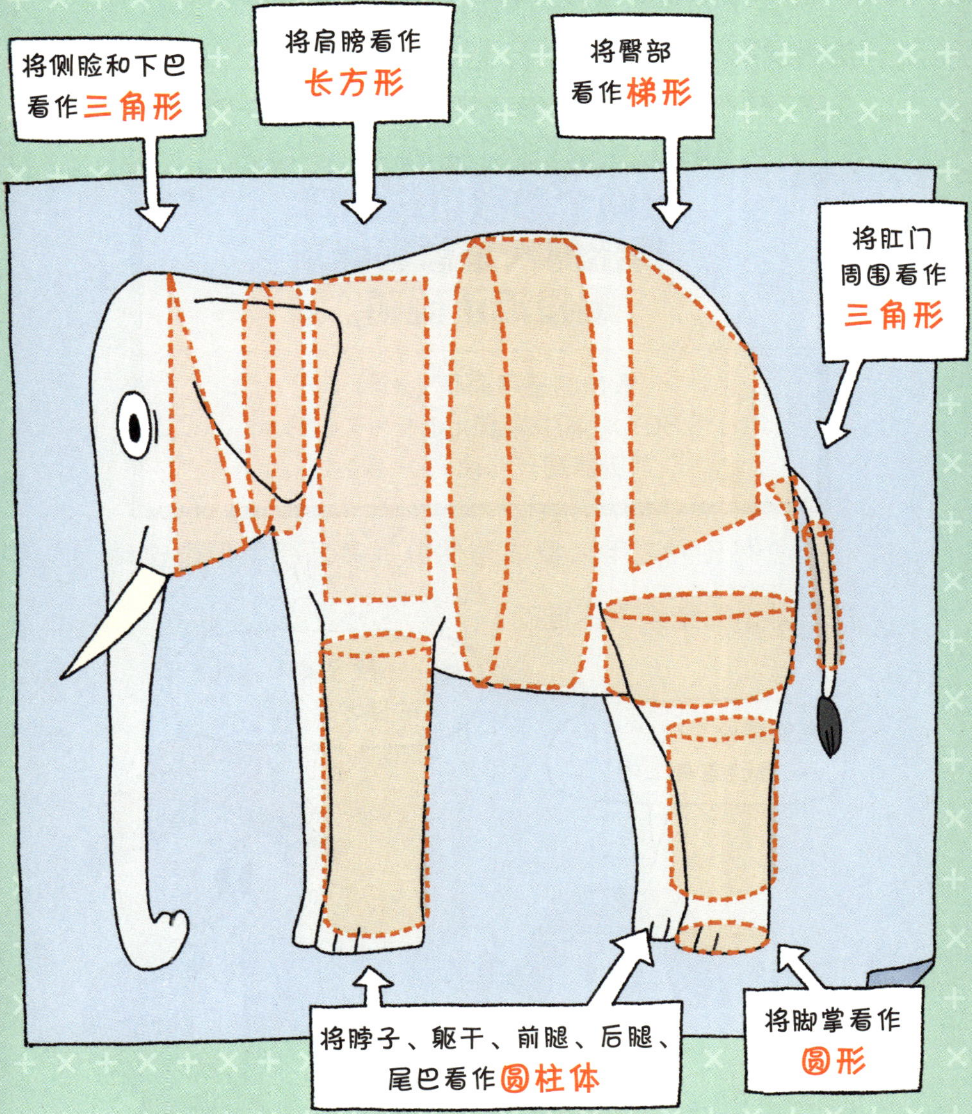
将侧脸和下巴
看作三角形
将肩膀看作
长方形
将臀部
看作梯形
将肛门
周围看作
三角形
将脖子、躯干、前腿、后腿、
尾巴看作圆柱体
将脚掌看作
圆形

斯里库马尔和尼尔马兰计算了 24 头大象的表面积，然后利用不同的参数进行估算，反复验证多种算法后发现：

利用肩膀高度和前脚掌周长这两个参数进行估算，得出的大象总表面积最接近正确值。

大象的总表面积（m^2）= 6.807× 肩膀高度（m）+7.073× 前脚掌周长（m）－ 8.245

他们还尝试用大象体重估算其表面积，但是这种方法得出的结果并不准确。

我能把这个公式套用在我的猫身上吗？
嗯……除了鼻子，剩下的部分差不多。

9

把臭味过滤掉的好办法

我一走进 PAI 老师家，就立刻摘下了口罩。

“你这是怎么了？”老师以奇怪的姿势蹲在地上，转头问我。

“口罩太闷，我都快无法呼吸了。”

口罩到底要戴到什么时候啊？
这个嘛……就算这次沙尘暴消退了，在病毒流行的时候，我们应该也得继续用吧。

老师拿起我摘下的口罩，仔细看了看，似乎发现了什么。

“你用的是 90，不是 95，对吧？”

“90？ 95？那是什么？”

“是过滤效率的意思。90 表示过滤 90% 以上的颗粒物，95 表示过滤 95% 以上的颗粒物。”

口罩是如何将颗粒物过滤掉的呢？
当你吸气时，颗粒物会被口罩的过滤层挡住。如果将过滤层放大 1000 倍，我们就能看到被过滤层捕捉到的颗粒物。
空气中的颗粒物主要是粉尘、烟、雾、霾等微粒。

“口罩的过滤层是一种熔喷无纺布。它经过特殊处理，带有静电，可以吸附微粒。而它的吸附能力取决于其纤维的致密程度。”

“致密程度？”

“致密程度指材料结构的紧密程度。如果致密程度高，即使是细小的颗粒物也很难通过。反之，如果结构排列疏松，颗粒物就可以相对容易地通过。”

结构疏松，
更容易通过？
你看下图：猫很容易从
左边的窗户通过，而右边的窗户
安装了窗格，猫就只能挤着出去。
这就是致密程度低和高的区别。

“那么，如果在右边的窗户上再增加一些窗格，让孔径变得更小，即使是像液体一样的猫，也很难钻出去吗？”我问。

“是的。口罩里的过滤层，就好比这些窗格。不断增加过滤层的层数，能使其表面积不断增大，形成局部与整体相似的图形。这样的图形叫作**分形**。”

粪形是
什么形？
让我来告诉你
什么是分形吧。

PAI老师小课堂

增大表面积的分形

我们来看看下面这个立体图形。

该图形由 8 个正方体构成。如果我们把其中一个正方体分成 9 小块儿，并拿掉中间的一小块儿，那么这个立体图形的表面积就增加了。

口罩的过滤层就是用类似的方式增加了过滤表面积。

好可惜啊。
没什么可惜的。
虽然多出了一个小孔，
但它的表面积变大了。
将一个正方体分成 9 小块儿，
去掉中间的一小块儿。

剩下的 7 块正方体也重复这个过程。完成后，原本只有 1 个大孔的立体图形，共多出了 8 个小孔。

随着小孔的出现，图形的表面积增加了。

重复之前创造小孔的过程。
在新出现的每一个小块儿上再次重复这一过程，就会出现 512 个更小的块儿，64 个更小的孔。
每重复一次，就会出现更多小孔，图形的表面积也会变大。
最后可以比原图形的表面积大 1000 倍甚至 10000 倍！

要想在有限的空间内尽可能地扩大表面积，分形是一种很好的方法。

肺部的分形结构，
能增加肺泡与氧气的
接触面积。

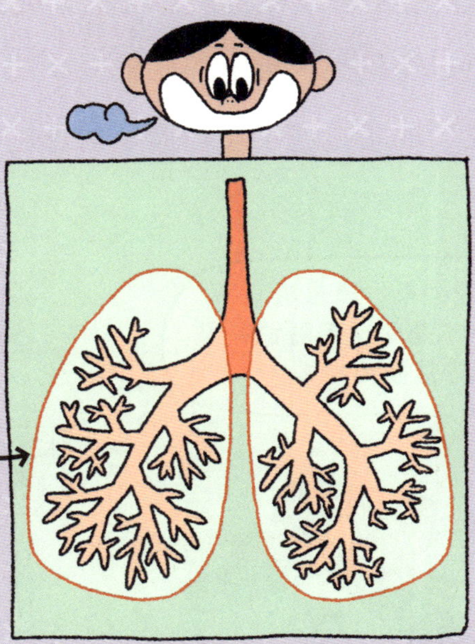

一种分形天线，目的是增加
无线电波的接收和发送范围。

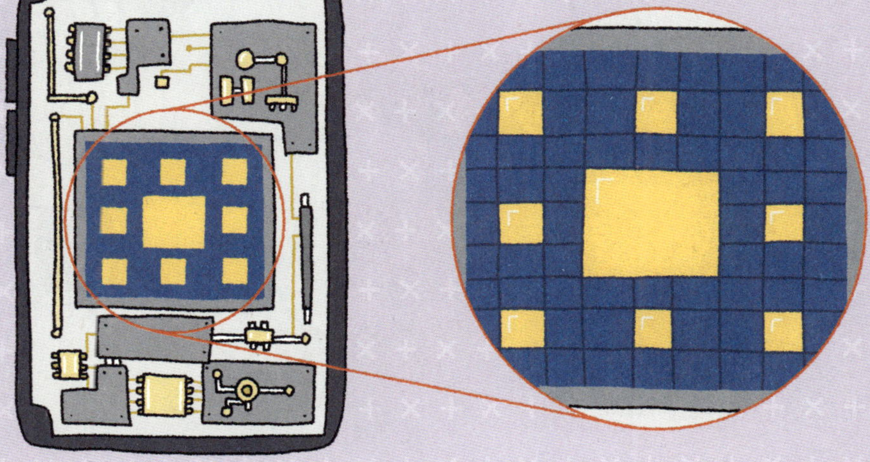

性能良好的过滤器往往利用分形结构，
使自身的过滤面积无限增大。

过滤层的表面积越大，就能捕获越多的颗粒物。

还记得巴克·韦默吗？他发明的内裤也是利用类似原理，成功过滤了患病妻子放出的屁中的臭味，因而获得了搞笑诺贝尔奖。

不过话说回来，我最近频繁放屁，是不是可以用防护等级是 90 的口罩做内裤呢？
呃，赶快给我一个“分形”口罩吧。

10

自行车画出的曲线

PAI老师很喜欢骑自行车。他今天一直骑到了太阳落山。

在夕阳的映照下，车轮上的反光片在空中划出一道道弧线，异常美丽。

老师，反光片在画曲线。
哦，那个呀，它叫作摆线。

线条也好，形状也罢，任何东西都有自己的名字。不过，我还是头一回听到“摆线”。

“当自行车车轮在平坦的道路上滚动时，车轮上的任意一点都会画出摆线。更准确地说，摆线是圆在一条直线上滚动时，圆上一点的运动轨迹。”

“那么，如果圆在圆上滚动，会画出怎样的曲线呢？”

在电影《ET》的结尾，小男孩骑着自行车载着ET飞过月亮，看起来就好像在月球上骑自行车一样。
其实地球也是圆的，从这个意义上来讲，我们在地球上骑车，也算是圆在圆上运动！

“首先，让我们假设月球和自行车车轮的直径相同。也就是说，定圆和动圆大小一样。”

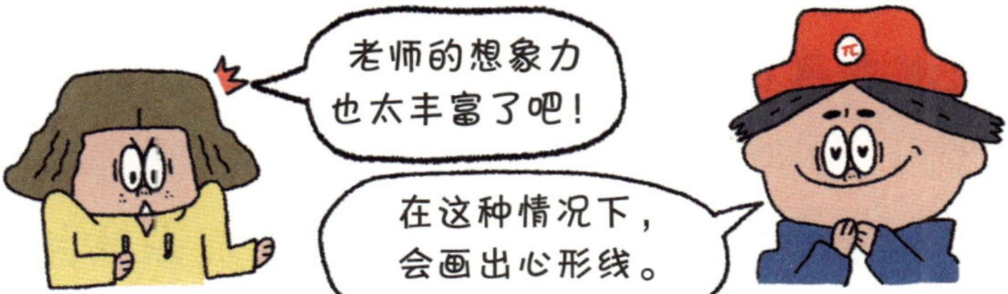
老师的想象力
也太丰富了吧！
在这种情况下，
会画出心形线。

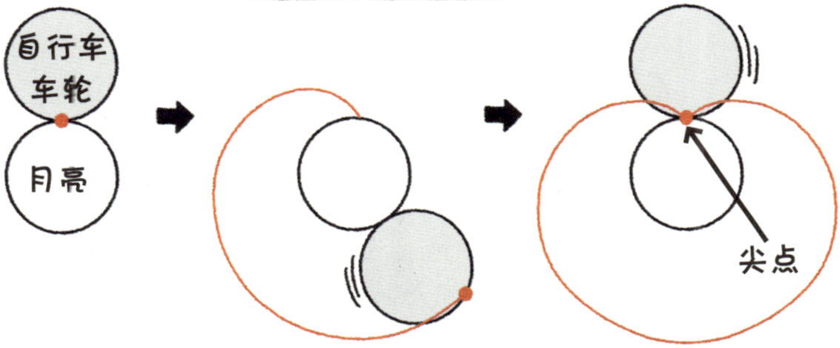
自行车
车轮
月亮
尖点

“两圆大小不同时，则会画出不同的曲线。”

定圆是动圆的 3 倍大时，画出的轨迹是 3 个花瓣状的曲线（3 个尖点）。

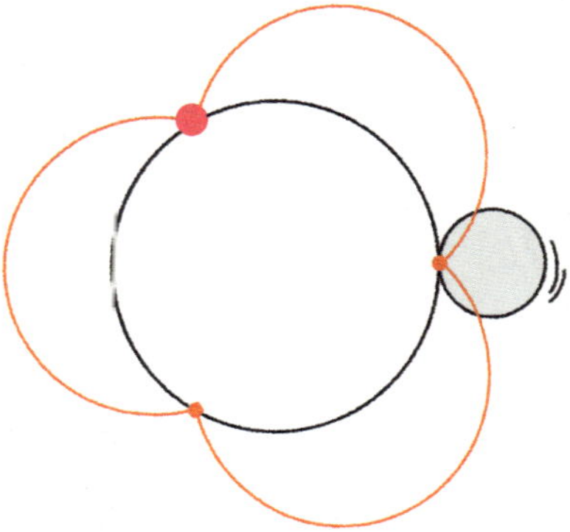

定圆是动圆的 4 倍大时，画出的轨迹是 4 个花瓣状的曲线（4 个尖点）。

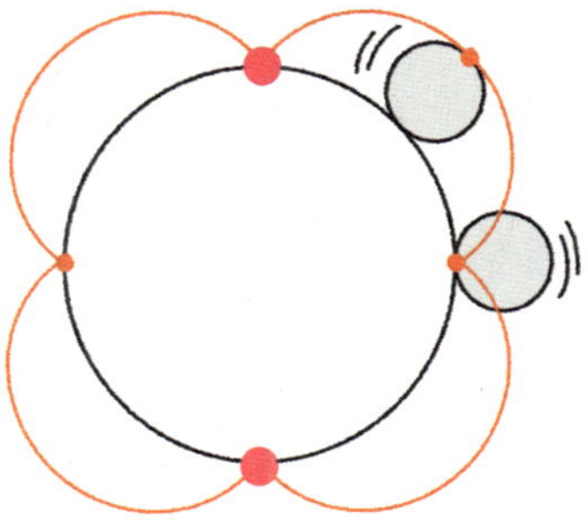

“我们还可以利用这个规律进行设计。”

“设计？”

“还记得麦田怪圈吗？就是获得 1992 年搞笑诺贝尔物理学奖的那个。”

“啊，麦田怪圈。唉，可惜最后证明那些怪圈并不是外星人画的。”

我能教你更酷的设计原理，你要不要当一次外星人呢？
真的可以吗？

当圆滚动时，圆上一点的运动轨迹通常是曲线。

圆既可以在直线上运动，也可以在圆上运动。当圆在一条直线上运动时，圆上的一点绘制出的曲线叫作摆线。

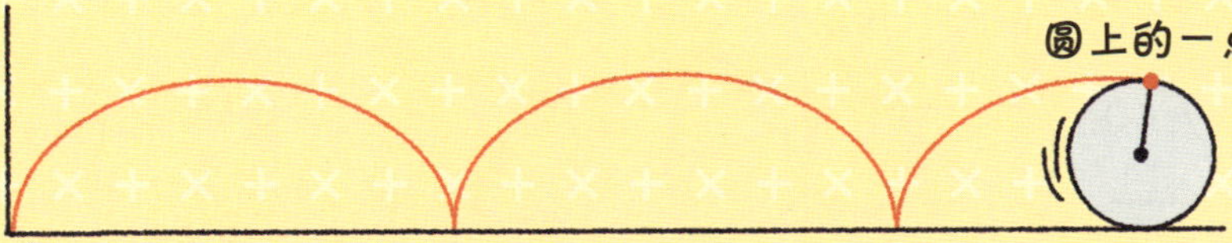

当动圆沿定圆的外侧滚动时，动圆上的一点所绘制出的轨迹叫作“外摆线”。

根据两个**圆的大小比**，外摆线的形状会有所不同。

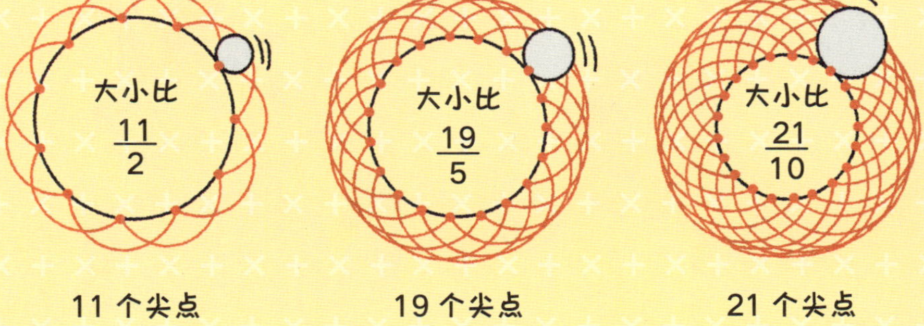

我们再来看看动圆在定圆内侧滚动的情况。此时，动圆上的一点所绘制出的轨迹叫作“内摆线”。

根据两个圆的大小比，内摆线的形状也有所不同。

大小比
3

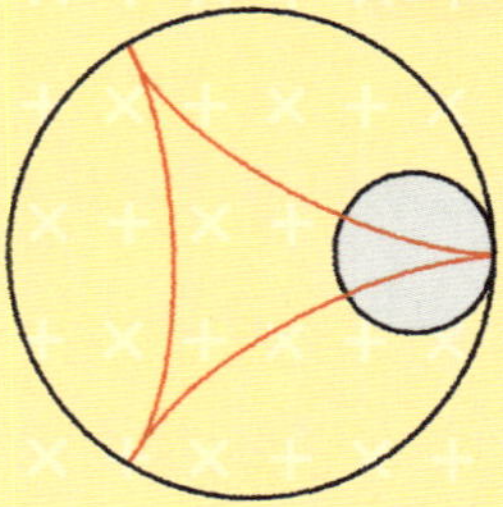

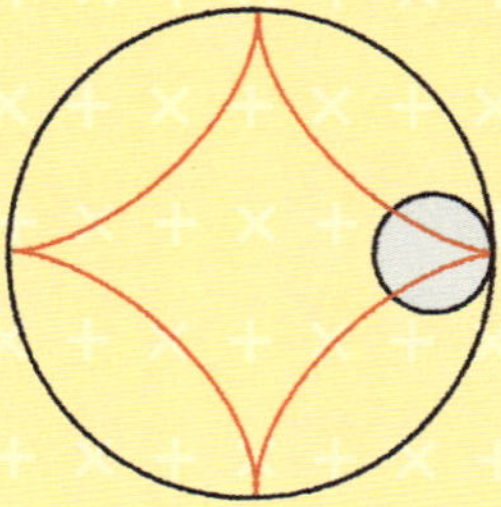

大小比
4

大小比
$\frac{11}{4}$

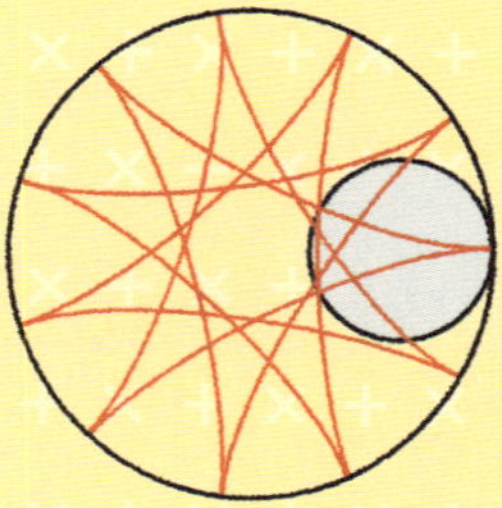

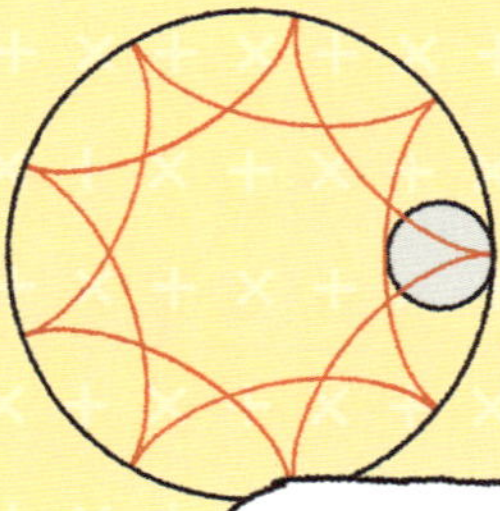

大小比
$\frac{9}{2}$

如果定圆与动圆的大小比是自然数，则内摆线会是闭合的，并且具有与大小比同等数量的尖点。
是这样的。若大小比不是自然数，而是分数，那么分数的分子多大，内摆线就有多少个尖点。

现在，我们就可以利用圆的外摆线和内摆线，来设计神秘怪圈啦！

在我设计时，
发生了一件奇怪的事。
奇怪的事？
当动圆的直径
等于定圆的半径时，
内摆线就变成了一条直线，
而不是曲线。
啊哈！这是唯一能画出
直线的情况。这条直线就是
定圆的直径，而圆的周长和
直径的比，就是我——π！

大家好奇的用语

柱体（第 29 页）

柱体是由两个相互平行且完全相同的面和连接它们的侧面组成的立体图形，分为棱柱和圆柱。长方体和正方体（正六面体）是四棱柱，五棱柱指两个底面为五边形的柱体，六棱柱指两个底面为六边形的柱体。圆柱体的两个底面是圆形，当我们将其中一个底面缩小为一个点时，圆柱体就变成了圆锥体。圆柱体的侧面展开后是矩形，而圆锥体的侧面展开后是扇形。不论是柱体还是锥体，都是根据底部的形状来命名的。

椭圆形（第 32 页）

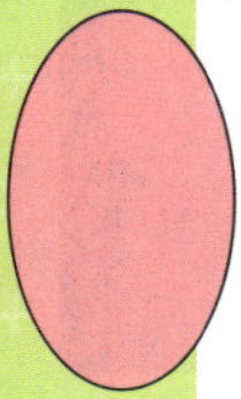

椭圆与圆很相似，但椭圆不是圆。要想画好椭圆，用圆规是不行的。首先，我们要准备一根线、两个图钉、一张白纸和一支笔。将两个图钉保持一定距离摁在白纸上，将线的头尾打结，形成一个圈，套在两个图钉上。将笔置于线圈内侧把线向外拉紧绷直，在白纸上画圈。按照这一过程画出的图形，就是椭圆。

分形（第 68 页）

如果一个几何形状的每一部分被放大后，都与整体相似，那么这个形状就叫作分形。分形结构不仅存在于自然界中（如树枝、海岸线、山脉等），也存在于人体内部，如血管网络、肺部结构等。这些结构对生命系统的正常运作起着重要作用，其高效性和复杂性在一定程度上得益于分形的自相似性。分形一词由美国科学家芒德勃罗提出，原意为不规则的、支离破碎的图形。

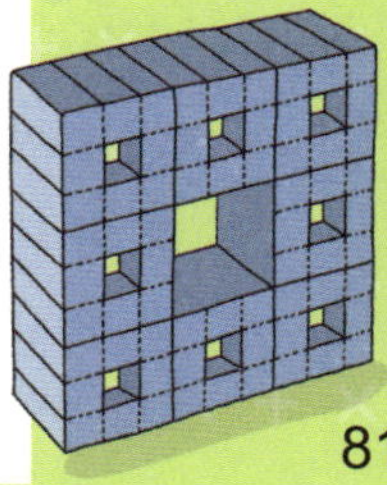

这些也是数学！

地平线
（第 11 页）

当我们沿着水平方向向远方眺望时，远处天地相交的线就是地平线。在有山或建筑物很多的地方，很难看到地平线，但是在平原地带等视野开阔的地方就很容易看到。我们距离地平线有多远呢？其实，它并没有我们想象中的那么远。这是因为地球是圆的，我们受地球曲率限制不能看到太远，地平线是我们的视线与地球表面相切的圆弧线，也就是说，它在我们的视野范围内。

恒星、行星
（第 44 页）

从名字上看，恒星是相对固定的天体，行星是运动的天体。其实，恒星并不是静止不动的。由于宇宙膨胀，恒星也在不停地旋转。我们生活在太阳系中，最熟悉的恒星是太阳，最熟悉的行星就是我们生活的地球。除了地球，我们也应该了解和学习太阳系其他行星的特征，包括它们的大小、自转速度、公转速度、温度、质量等。

德博拉数
（第 54 页）

一个用来描述材料在特定条件下的流动性的指标。如果德博拉数小于1，说明该材料在给定观察时间下表现出更多的液体特性；如果德博拉数大于1，则说明该材料在给定观察时间下表现出更多的固体特性。以沥青为例，在短时间内，它像固体一样保持形状不变；但在更长的时间尺度上观察沥青，如果观察时间远远超过沥青的松弛时间，那么德博拉数将小于1，沥青将表现出更多的液体特性。

图书在版编目（
搞笑诺贝尔. 数
北京 ：现代出版社,
-1420-9
Ⅰ. Z228.1；01
中国国家版本馆

搞笑诺贝尔. 数学篇
GAOXIAO NUOBEI'ER SHUXU

著　　者　好奇心工作

责任编辑　司丽丽
策划编辑　程少君　程
责任印制　贾子珍
出版发行　现代出版社
地　　址　北京市安定
邮政编码　100011
电　　话　(010) 642
传　　真　(010) 642
网　　址　www.198
印　　刷　北京永诚印
开　　本　889mm ×
印　　张　13.75
字　　数　294千字
版　　次　2025年6月
书　　号　ISBN 978
定　　价　100.00元

让诺奖得主抓狂的意面难题

诺贝尔奖得主理查德·费曼曾发现一个有趣的现象：无论如何弯曲干意大利面，它总是会断裂成三段或更多段，而几乎不可能断成两截。这个看似普通的日常现象困扰了这位物理学家多年。

直到2005年，两位法国物理学家通过高速摄影和数学模型揭开了谜底：意面首次断裂时产生的弹性效应和弯曲波会引发连锁反应，导致多次断裂。两位科学家凭借这项研究荣获2006年搞笑诺贝尔物理学奖，但仍未找到将意面折成两段的方法。

直到2018年，这个物理难题才被麻省理工学院的研究团队破解。他们发现，将意面先扭转270度～360度再弯曲，就能成功使其断成两截。

新东方 XDF.CN | 大愚文化 更好的你 更大的世界

什么？还有搞笑诺贝尔？

搞笑诺贝尔奖（Ig Nobel Prizes）创立于1991年，

是对诺贝尔奖的戏谑模仿，

表彰的是那些“**乍看令人发笑，之后发人深省**”的研究。

本系列精选搞笑诺贝尔**50**个获奖研究，

每一个都让人惊呼“**居然有人研究这个**”！

研究过程有多**严谨**，结论就有多**搞笑**。

谁会喜欢这套书？

- ☑ 觉得课本太无聊的小学生
- ☑ 急需让孩子放下手机的家长
- ☑ 头顶问号的好奇星人
- ☑ “不正经”知识爱好者

换个角度看月亮
更真实！

猫是液体吗？

上架建议：少儿科普

ISBN 978-7-5231-1420-9

定价：100.00元（全5册）